CONFÉRENCES
DES LOIS
RELATIVES AU DIVORCE;

Des rapports qu'elles peuvent avoir entr'elles, soit dans leurs dispositions, leur exécution et leurs effets;

Avec la Procédure et Formules d'un Divorce, pour causes déterminées;

Et des Notes historiques sur le Divorce.

Par CH. CONTANT, ancien Procureur au ci-devant Châtelet de Paris, Défenseur-Avoué au Tribunal de 1re. instance du département de la Seine.

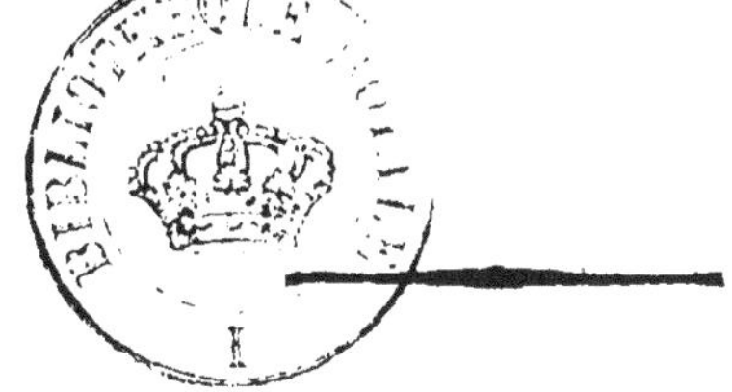

A PARIS,

Chez N. RENAUDIÈRE, Imprimeur, rue des Prouvaires, N°. 564.

Et chez l'AUTEUR, rue du Faubourg-Montmartre, N°. 37.

AN XII. - 1804.

Je mets cet Ouvrage sous la protection des lois conservatrices des propriétés, et déclare que je poursuivrai les contrefacteurs devant les tribunaux, conformément à la loi du 13 juillet 1789.

Contant.

AU CITOYEN GRAND-JUGE, MINISTRE DE LA JUSTICE.

Citoyen Ministre,

Oser mettre cet Ouvrage sous votre protection, est, sans doute, de ma part, une grande témérité; mais je compte sur votre indulgence, et trouver mon excuse dans vos bontés. Sans doute cet Ouvrage n'est pas digne de vous; cependant j'espère que vous daignerez l'accueillir, en faveur du motif qui me l'a fait entreprendre.

Je suis, avec un profond respect,

CITOYEN MINISTRE,

Votre concitoyen,

CONTANT,
Ancien procureur au ci-devant Châtelet de Paris, défenseur-avoué au Trib. de 1re. instance du départ. de la Seine.

AVERTISSEMENT.

On m'a reproché, lors de la publication de la procédure en divorce, de n'en avoir pas fait ce qu'on appelle un Ouvrage ; comme je n'avais, dans le principe, d'autres intentions que celle de garder ces formules pour mon usage particulier, je ne leur ai pas donné le développement dont elles sont susceptibles ; et si je me suis déterminé à les publier, ce n'a point été pour acquérir le titre d'auteur, ni une spéculation mercantille, mais dans l'espérance d'être utile à ceux qui sacrifient leur jeunesse pour mériter la confiance des magistrats et de leurs concitoyens, et pour leur donner une idée de la marche de cette procédure.

On m'a encore reproché l'imperfection de mon travail, en ce qu'il ne contenait pas les formules du divorce par consentement mutuel; je réponds qu'un pareil travail devait être le résultat de l'expérience ; j'ai cru prudent de ne pas l'entreprendre par fiction, dans la crainte d'induire en erreur, quant à la forme; et j'attendrai que j'aye l'occasion d'en faire un, pour en risquer la publicité.

L'Ouvrage que j'annonce pourra, du moins je l'espère, être de quelque utilité; on y trouvera les changemens apportés à la loi du 20 septembre 1792, par celle du 30 ventose an 11. J'ai d'ailleurs complетté la procédure du divorce, par le modèle du jugement définitif et de ceux des actes postérieurs, pour faire prononcer le divorce : quoique ces formules soient au nom d'une femme, elles peuvent également servir pour un mari.

CONFÉRENCES
DES LOIS
RELATIVES AU DIVORCE.

L'Église catholique définit le mariage un sacrement institué par Jésus-Christ pour établir une sainte alliance entre l'homme et la femme, afin qu'ils élèvent les enfans qui en naîtront, dans son amour et dans sa crainte.

Nous ne connaissons pas d'acte plus solennel que le mariage.

Les familles sont la pépinière de l'Etat; et c'est le mariage qui forme les familles, et par lui que la société se perpétue.

Comment, d'après ce principe, a-t-on pu admettre le divorce, qui rompt les liens qui attachent deux époux l'un à l'autre, et même plusieurs familles entr'elles? Cette grande question a été traitée avec une telle précision, et résolue après une telle réflexion, qu'il ne doit pas être permis de l'agiter aujourd'hui : ce n'est pas mon intention; mon plan est de comparer les lois de 1792 et 30 ventose an 11;

d'examiner quels rapports elles peuvent avoir entr'elles, soit dans leurs dispositions, leurs effets et leur exécution.

J'y joindrai la procédure complette du divorce, pour cause déterminée, avec les actes postérieurs.

NOTES HISTORIQUES.

Le Divorce n'est pas une institution nouvelle parmi nous. La loi salique le permettait; il était encore en usage dans le 7e. siècle. L'histoire nous a conservé un modèle de l'acte par lequel on se séparait. Le voici :

« Les époux, tel et telle, voyant que la discorde » trouble leur mariage, et que la charité n'y règne » pas, sont convenus de se séparer, et de se laisser » l'un à l'autre la liberté, ou de se retirer dans un » monastère, ou de se remarier, sans que l'une des » parties puisse le trouver mauvais et s'y opposer, » sous peine d'une livre d'or d'amende ». Ce modèle se trouve dans les formules de Marculfe.

Il a lieu dans la religion juive : on nomme *Geth*, l'acte de divorce par lequel les Juifs répudient leurs femmes, suivant les paroles du Deutéronome, chapitre 24 : Si un homme a épousé une femme, et que cette femme ne lui convienne pas, à cause de quelque défaut, il lui écrira une lettre de divorce, qu'il lui mettra entre les mains, et la congédiera.

Le divorce est assez commun au Mexique ; il suffisait, pour y parvenir, du consentement des deux époux : le mari se réservait les garçons, et la femme emmenait les filles. Un adultère était puni de mort.

Les Siamois admettent le divorce : dans ce cas, le mari rend la dot qu'il a reçue; la femme prend le premier enfant et tous les nombres impairs, et le mari tous les nombres pairs ; si le nombre total est impair, la femme en a un de plus.

Le divorce est en vigueur au Tonguin, mais seulement de la part des hommes. Lorsqu'un mari a décidé de répudier sa femme, il prend un des bâtons qui lui servent de fourchette à ses repas, et un de ceux qui servent à sa femme ; il rompt ces bâtons, et chacun en garde précieusement les morceaux ; ensuite le mari donne à sa femme un billet signé de lui, par lequel il déclare qu'il lui rend la liberté. S'il y a des enfans, ils restent à l'époux, et la femme peut passer à de nouvelles noces. Un mari qui surprend sa femme en adultère, est libre de la tuer, elle et son amant; s'il remet sa vengeance à la justice, la femme est écrasée par un éléphant, et le coupable périt par un autre supplice.

En Turquie, une femme peut demander d'être séparée de son mari, s'il est impuissant, s'il est adonné aux plaisirs contre nature, ou s'il ne paye pas le tribut la nuit du jeudi au vendredi, laquelle est consacrée aux devoirs du mariage. Un mari qui refuse de l'argent à sa femme pour aller aux bains deux fois par semaine, est exposé à la séparation. Lorsqu'une femme renverse sa pantoufle devant le juge, cela désigne que le mari a voulu l'obliger à lui accorder des choses défendues; souvent, pour cela, le mari est condamné à la bastonnade; et si la chose est prouvée, le mariage est cassé. Après le divorce, si un mari veut reprendre sa femme, il est condamné à la laisser coucher pendant vingt-quatre heures avec tel homme qu'il juge à propos. Il choisit pour cela l'ami qu'il croit le plus discret; et il arrive souvent qu'après cet arrangement la femme ne veut plus retourner avec son premier mari.

Les Péguans peuvent, après quelques mois de jouissance de leurs femmes, s'ils n'en sont pas contens, prendre la voie du divorce; mais l'argent qu'ils ont donné aux parens de la femme est perdu pour eux. Il n'en est pas de même si c'est la femme qui veut se séparer; il faut qu'elle rende la dot.

Malgré l'admission de l'action en divorce chez ces différens peuples et dans notre législation, il n'en est pas moins vrai qu'elle a toujours été empreinte du sceau de la réprobation (1).

« Je vous ai permis le divorce, disait Moïse aux » Juifs, à cause de la dureté de vos cœurs, et seu» lement pour vous épargner l'homicide.

» Ce peuple, à qui Saint-Jean-Chrisostome re» proche d'avoir répandu le sang humain comme » l'eau, écoutait avec respect, et comme l'expres» sion de la vérité même, ces paroles pleines de » l'onction prophétique :

« L'autel pleure sur celui qui a renvoyé sa jeune » épouse.... Ne méprisez pas la femme de votre » jeunesse; Dieu est intervenu comme témoin entre » elle et vous... Le Dieu des armées dit: celui qui » agit ainsi, est couvert d'iniquités. »

Les anciens Romains avaient trois sortes de divorce; la première était appellée *repudium*, qui se faisait par le mari, sans le consentement de la femme. Le premier qui le fit fut *Spurius Corbilius*, cent ans après la fondation de Rome, parce que sa femme était stérile. *C. Sulpicius* répudia la sienne, parce qu'elle était sortie de la maison en cheveux, et sans voile sur la tête. *Q. Antistius*, la sienne, pour l'avoir vue parler secrètement à une femme libertine. *Sempronius*, la sienne, pour être allée aux spectacles publics, sans qu'il en sût rien; et *C. César* répudia *Poppea* pour le seul soupçon qu'il eut de *Clodius*, lequel fut trouvé habillé en femme à la solennité que *Pompée* avait célébrée en l'honneur de la déesse *Bone*.

---

(1) *Voyez* le Discours du cit. Carrion-Nisas, le 28 ventose an XI, au tribunat, dont je me permets de rappeller les expressions.

Le second s'appelait divorce, parce qu'il se faisait du consentement de tous les deux.

Et le troisième s'appelait *séparation*, qui se faisait de la volonté du prince, et dépendait de son arbitre.

Les Romains furent plus de cinq cents ans sans avoir aucun divorce ; ensuite ils se relâchèrent tellement, que le mariage n'eut plus de consistance, et telle femme comptait ses années par le nombre de ses maris. *Caton* répudia sa femme *Martia* pour un an, en faveur d'*Hortentius*, à qui il la maria, ou plutôt à qui il la prêta pour ce tems-là. *Encyclopediana verbo divorce*, édition de 1791.

Le divorce est permis chez les Chinois; et parmi toutes les raisons qui peuvent faire cesser le mariage, en voici une bien singulière : Une femme qui remplirait sa maison de fumée, ou qui effrayerait le chien du logis par son babil, serait sujette au divorce.

Loi du 20 *septembre* 1792.	*Loi du* 30 *ventose an* 11. (Code civil.)
CAUSES DU DIVORCE.	CAUSES DU DIVORCE.
Le mariage se dissout par le divorce, art. 1er., §. 1er. Le divorce a lieu par le consentement mutuel des époux, art. 2.	Le mari pourra demander le divorce pour causes d'adultère de sa femme, art. 223. La femme pourra demander le divorce pour cause d'adultère de son mari, lorsqu'il aura tenu sa concubine dans la maison commune, art. 224. Le consentement mutuel et persévérant des époux, exprimé de la manière prescrite par la loi, sous les conditions et après les épreuves qu'elle détermine, prouvera suffisamment que la vie commune leur est insupportable, et qu'il existe, par rapport à eux, une cause péremptoire de divorce, art. 227.
L'un des époux peut faire prononcer le divorce sur la simple allégation d'incompatibilité d'humeur ou de caractère.	*Observations.*

Ce motif de divorce ne se trouve pas dans la nouvelle loi.

En effet, il ne devait pas reparaître dans une loi qui était le fruit de la méditation, de la réflexion, ainsi que de l'expérience de onze années.

La loi de 1792 consacrait une erreur, celle qu'un contrat formé par le consentement de deux personnes, pouvait être dissous, par le seul repentir de l'un des contractans.

Ce raisonnement est contraire à tous les principes, qui veulent qu'un acte obligatoire ne puisse être rompu que de la même manière qu'il a été contracté.

Ce motif de divorce a pourtant trouvé dss partisans, entr'autres le cit. P. St. L. juriscousulte estimable par ses talens et ses mœurs, dans son Code du divorce. Il a rapporté des faits qui pourraient appuyer son opinion, si, comme nous le croyons, elle n'était contre les principes.

Loi du 20 septembre 1792.

Chacun des époux peut également faire prononcer le divorce sur des motifs déterminés ; savoir, 1°. sur la *démence*, la *folie* ou la *fureur* de l'un des époux ; 2°. sur la condamnation de l'un d'eux à des peines afflictives ou infamantes ; 3°. sur les crimes, sévices et injures graves de l'un envers l'autre ; 4°. sur *le dérèglement de mœurs notoire ;* 5°. sur l'abandon de la femme par le mari, ou du mari par la femme, pendant deux ans au moins ; 6°. sur l'absence de l'un d'eux, sans nouvelles au moins pendant cinq ans ; 7°. sur l'émigration dans les cas prévus par les lois, notamment par le décret du 8 avril 1792, art. 4.

Loi du 30 ventose an 11.
(Code civil.)

Les époux pourront, réciproquement, demander le divorce pour excès, sévices, ou injures graves de l'un d'eux envers l'autre, art. 225.

La condamnation de l'un des époux à une peine infamante, sera pour l'autre une cause de divorce, art. 226.

Observations.

La démence, la folie ou la fureur de l'un des époux, ni le dérèglement de mœurs notoire, l'abandon ou l'absence, ne sont plus des causes de divorce, d'après la loi du 30 ventose an 11.

Nous concevons que dans le cas de démence ou de folie, le conjoint pouvant prendre la voie de l'interdiction, il n'y ait pas lieu au divorce ; que la fureur rentre dans la classe des sévices, et y donne lieu.

Mais, dans le cas de dérèglement de mœurs notoire, pourquoi le conjoint sera-t-il privé de se pourvoir en divorce ? et encore pourquoi sera-ce le sèxe le plus faible, la femme ? car le mari peut surprendre sa compagne en adultère, mais elle ne peut suivre son mari dans les tripots, où il consumera sa fortune ; dans les maisons de débauche, dont il rapportera le fruit à celle qui, par sa sagesse, mérite d'être honorée, et qui se trouve réduite à souffrir.

Dans le cas d'abandon ou d'absence, que deviendra la femme ? Nous dira-t-on que, dans cette circonstance, la femme peut faire constater l'abandon ou l'absence, et demander les autorisations qui lui seront nécessaires? oui, sans doute; mais il faut donc qu'elle reste toute sa vie incertaine sur son état? Je crois qu'il n'y aurait pas eu d'inconvénient à permettre le divorce dans ces deux cas.

Quant à l'émigration, il n'est pas à craindre qu'elle ait lieu.

Loi du 20 *septembre* 1792.

Les époux, maintenant séparés de corps, par jugement exécuté, ou en dernier ressort, auront mutuellement la faculté de faire prononcer leur divorce, art. 15.

Toutes demandes et instances en séparation de corps, non jugées, sont éteintes et abolies; chacune des parties paiera les frais. Les jugemens de séparation non exécutés ou attaqués par appel ou par la voie de la cassation, demeureront comme non-avenus; le tout, sauf aux époux à recourir à la voie du divorce, aux termes de la présente loi, art. 6.

A l'avenir, aucune séparation de corps ne pourra être prononcée; les époux ne pourront être désunis que par le divorce, art. 7.

Loi du 30 *ventose an* 11.
(Code civil.)

Dans les cas où il y a lieu à la demande en divorce, pour cause déterminée, il sera libre aux époux de former demande en séparation de corps, art. 300.

Elle sera intentée, instruite et jugée de la même manière que toute autre action civile; elle ne pourra avoir lieu par le consentement mutuel des époux, art. 301.

La femme contre laquelle la séparation de corps sera prononcée, pour cause d'adultère, sera condamnée, par le même jugement, et sur la réquisition du ministère public, à la réclusion dans une maison de correction, pendant un tems déterminé, qui ne pourra être moindre de trois mois, ni excéder deux années, art. 302.

Le mari restera le

maître d'arrêter l'effet de cette condamnation, en consentant à reprendre sa femme, art. 303.

Lorsque la séparation de corps aura été prononcée pour toute autre cause que l'adultère de la femme, aura duré trois ans, l'époux, qui était originairement défendeur, pourra demander le divorce au tribunal, qui l'admettra, si le demandeur originaire, présent ou duement appellé, ne consent pas immédiatement à faire cesser la séparation, art. 304.

Observations.

Le motif des dispositions de cet article est, que la séparation de corps laisse subsister le mariage, que la femme peut et doit toujours porter le nom de son mari, et que ni l'un ni l'autre ne peuvent convoler à de secondes noces ; et c'est pour faire cesser ces inconvéniens que le défendeur est admis à former la demande en divorce.

La demande en séparation de corps emportera toujours celle de biens, art. 305.

Loi du 20 *septembre* 1792.

Mode du divorce par consentement mutuel.

Le mari et la femme qui demandent, conjointement, le divorce, seront tenus de convoquer une assemblée de six au moins de plus proches parens, ou d'amis à défaut de parens. Trois des parens ou amis seront choisis par le mari ; les trois autres seront choi-

Loi du 30 *ventose an* 11. (Code civil.)

Mode du divorce par consentement mutuel.

Le consentement mutuel ne sera point admis si le mari a moins de 25 ans, ou si la femme est mineure de 21 ans, art. 269, chap. 3.

Le consentement mutuel ne sera admis qu'après deux ans de mariage, art. 270.

Il ne pourra plus l'être

Loi

Loi du 20 septembre 1792.

sis par la femme, art. 1er., §. 2.

L'assemblée sera convoquée à jour fixe et lieu convenus avec les parens ou amis. Il y aura au moins un mois d'intervalle entre le jour de la convocation et celui de l'assemblée. L'acte de convocation sera signifié par un huissier aux parens ou amis convoqués, art. 2.

Si, au jour de la convocation, un ou plusieurs des parens ou amis convoqués ne peuvent se trouver à l'assemblée, les époux les feront remplacer par d'autres parens ou amis, art. 3.

Les deux époux se présenteront en personne à l'assemblée ; ils y diront qu'ils demandent le divorce : les parens ou amis assemblés leur feront les observations et représentations qu'ils jugeront convenables. Si les époux persistent dans leur dessein, il sera dressé, par un officier muni-

Loi du 30 ventose an 11.
(Code civil.)

après vingt ans de mariage, ni lorsque la femme aura 45 ans, art. 271.

Dans aucun cas, le consentement mutuel des époux ne suffira, s'il n'est autorisé par leurs père et mère, ou par leurs ascendans vivans, suivant les règles prescrites par l'art. 150, ch. 1er. du titre du mariage, art. 272.

Loi du 30 pluviose an 11.

ART. 150.

MARIAGE.

Si le père et la mère sont morts, ou s'ils sont dans l'impossibilité de manifester leurs volontés, les aïeuls ou aïeules les remplacent. S'il y a dissentiment entre l'aïeul et l'aïeule de la même ligne, il suffit du consentement de l'aïeul.

S'il y a dissentiment entre les deux lignes, ce partage emportera consentement, art. 150, titre du *Mariage*.

Loi du 20 septembre 1792.	*Loi du 30 ventose an XI.* (Code civil.)
cipal requis à cet effet, un acte contenant simplement que les parens ou amis ont entendu les époux en assemblée duement convoquée, et qu'ils n'ont pu les concilier. La minute de cet acte, signée des membres de l'assemblée, des deux époux, et de l'officier municipal, avec mention de ceux qui n'auront su ou pu signer, sera déposée au greffe de la municipalité : il en sera délivré expédition aux époux, gratuitement, et sans droit d'enregistrement, art. 4. Un mois au moins, et six mois au plus après la date de l'acte énoncé dans l'art. précédent, les époux pourront se présenter devant l'officier public chargé de recevoir les actes de mariage dans la municipalité où le mari a son domicile; et sur leur demande, cet officier sera tenu de prononcer leur divorce, sans entrer en connaissance de cause. Les parties et	Les époux, déterminés à opérer le divorce par consentement mutuel, seront tenus de faire, préalablement, inventaire et estimation de tous leurs biens, meubles et immeubles, et de régler leurs droits respectifs, sur lesquels il leur sera libre de transiger, art. 273. Ils seront pareillement tenus de constater par écrit leur convention sur les trois points qui suivent : 1°. A qui les enfans nés de leur union seront confiés, soit pendant le tems des épreuves, soit après le divorce prononcé. 2°. Dans quelle maison la femme devra se retirer et résider pendant le tems des épreuves. 3°. Quelle somme le mari devra payer à sa femme pendant le même tems, *si elle n'a pas de revenus suffisans pour fournir à ses besoins*, art. 274.

Loi du 20 septembre 1792.	*Loi du 30 ventose an 11.* (Code civil.)
l'officier public se conformeront aux formes prescrites à ce sujet dans la loi sur les actes de naissances, mariages et décès, art. 5.	*Observation.* De cette dernière disposition, on doit tirer la conséquence, que, par l'acte qui règle leurs droits, ils procèdent à un partage, et se font les abandons nécessaires.
Après le délai de six mois, mentionné dans le précédent article, les époux ne pourront être admis au divorce par consentement mutuel, qu'en observant de nouveau les mêmes formalités et les mêmes délais, art. 6.	Les époux se présenteront ensemble, et en personne, devant le président du tribunal civil de leur arrondissement, ou devant le juge qui en fera les fonctions, et lui feront la déclaration de leur volonté en présence de deux notaires amenés par eux, art. 275.
En cas de minorité des époux ou de l'un d'eux, ou s'ils ont des enfans nés de leur mariage, les délais ci-dessus indiqués, d'un mois pour la convocation de l'assemblée de famille, et d'un mois après l'acte de non-conciliation, pour faire prononcer le divorce, seront doublés; mais le délai fatal de six mois, après l'acte de non-conciliation, pour faire prononcer le divorce, restera le même, art. 7.	Le juge fera aux deux époux réunis, et à chacun en particulier, en présence des deux notaires, telles représentations et exhortations qu'il croira convenables; il leur donnera lecture du chap. 4 du présent titre, qui règle les effets du divorce, et leur développera toutes les conséquences de leur démarche, art 27. Si les époux persistent dans leur résolution, il

leur sera donné acte, par le juge, de ce qu'ils demandent et consentent mutuellement au divorce; et ils seront tenus de produire et déposer à l'instant, entre les mains des notaires, outre les actes mentionnés aux articles 273 et 274,

1°. Les actes de leur naissance, et celui de leur mariage ;

2°. Les actes de naissance et de décès de tous les enfans nés de leur union ;

3°. La déclaration authentique de leurs père et mère ou autres ascendans vivans, portant que, pour les causes à eux connues, ils autorisent tel ou telle, fils ou fille, petit-fils ou petite-fille, à demander le divorce et à y consentir. Les père et mère, aïeul et aïeule des époux, seront présumés vivans, jusqu'à la représentation des actes constatant leur décès, art. 277.

Les notaires dresseront procès-verbal détaillé de tout ce qui aura été dit et fait en exécution des articles précédens; la minute en restera au plus âgé des deux notaires, ainsi que les pièces produites, qui demeureront annexées au procès-verbal, dans lequel il fera mention de l'avertissement qui sera donné à la femme de se retirer, dans les vingt-quatre heures, dans la maison convenue entr'elle et son mari, et d'y résider jusqu'au divorce prononcé, art. 278.

La déclaration ainsi faite sera renouvellée dans la première quinzaine de chacun des 4, 7 et 10 mois qui suivront, en observant les mêmes formalités; les parties seront obligées de rapporter chaque fois la preuve, par acte public, que leurs pères, mères, ou autres ascendans vivans, persistent dans leur première détermination; mais

Suite de la Loi du 30 ventose an 11.
(Code civil.)

elles ne seront tenues à répéter la production d'aucun autre acte, art 279.

Dans la quinzaine du jour où sera révolue l'année, à compter de la première déclaration, les époux, assistés chacun de deux amis, personnes notables dans l'arrondissement, âgés de cinquante ans au moins, se présenteront ensemble, en personne, devant le président du tribunal, ou le juge qui en fera les fonctions ; ils lui remettront les expéditions, en bonne forme, des quatre procès-verbaux contenant leur consentement mutuel, et de tous les actes qui y auront été annexés, et requerront du magistrat, chacun séparément, en présence néanmoins l'un de l'autre, et des quatre notables, l'admission du divorce, art. 280.

Après que les juges et les assistans auront fait leurs observations aux époux, s'ils persévèrent, il leur sera donné acte de leur réquisition et de la remise par eux faite des pièces à l'appui. Le greffier du tribunal dressera procès-verbal, qui sera signé tant par les parties, (à moins qu'elles ne déclarent ne savoir ou ne pouvoir signer, auquel cas il en sera fait mention) que par les quatre assistans, le juge et le greffier, art. 281.

Le juge mettra de suite au bas de ce procès-verbal son ordonnance, portant que, dans les trois jours, il sera par lui référé du tout au tribunal, en la chambre du conseil, sur les conclusions par écrit du commissaire du gouvernement, auquel les pièces seront à cet effet communiquées par le greffier, art. 282.

Si le commissaire du gouvernement trouve dans les pièces la preuve que les deux époux étaient âgés, le mari de vingt-cinq ans, la femme de vingt-

Suite de la Loi du 30 *ventose an* 11.
(Code civil.)

un ans, lorsqu'ils ont fait leur première déclaration; qu'à cette époque ils étaient mariés depuis deux ans; que la femme avait moins de quarante-cinq ans; que le consentement mutuel a été exprimé quatre fois dans le cours de l'année, après les préalables ci-dessus prescrits, et avec toutes les formalités requises par le présent chapitre, notamment avec l'autorisation des pères et mères des époux, ou avec celle de leurs autres ascendans vivans, en cas de prédécès des pères et mères; il donnera ses conclusions en ces termes : LA LOI PERMET. Dans le cas contraire, ses conclusions seront : LA LOI EMPÊCHE, art. 283.

Le tribunal, sur le référé, ne pourra faire d'autres vérifications que celles indiquées par l'article précédent. S'il en résulte que, dans l'opinion du tribunal, les parties ont satisfait aux conditions, et rempli les formalités déterminées par la loi, il admettra le divorce, et renverra les parties devant l'officier de l'état civil, pour le faire prononcer. Dans le cas contraire, le tribunal déclarera qu'il n'y a pas lieu à admettre le divorce, et déduira les motifs de sa décision, art. 284.

L'appel du jugement qui aurait déclaré ne pas y avoir lieu à admettre le divorce, ne sera recevable qu'autant qu'il sera interjetté par les deux parties, et néanmoins par actes séparés, dans les dix jours au plutôt, et au plus tard dans les vingt jours de la date du jugement de première instance, art. 285.

Les actes d'appel seront réciproquement signifiés tant à l'autre époux, qu'au commissaire du gouvernement près le tribunal de première instance, art. 286.

Suite de la Loi du 30 ventose an 11.
(Code civil.)

Dans les dix jours, à compter de la signification qui lui aura été faite du second acte d'appel, le commissaire du gouvernement près le tribunal de première instance, fera passer au commissaire du gouvernement près le tribunal d'appel, l'expédition du jugement et les pièces sur lesquelles il est intervenu. Le commissaire du gouvernement près le tribunal d'appel donnera ses conclusions par écrit, dans les dix jours qui suivront la réception des pièces ; le président, ou le juge qui le suppléera, fera son rapport au tribunal d'appel, en la chambre du conseil, et il sera statué définitivement dans les dix jours qui suivront la remise des conclusions du commissaire, art. 287.

En vertu du jugement qui admettra le divorce, et dans les vingt jours de sa date, les parties se présenteront ensemble, et en personne, devant l'officier de l'état civil, pour faire prononcer le divorce. Ce délai passé, le jugement demeurera comme non-avenu, art. 288.

Observation.

Du rapprochement que nous venons de faire des dispositions des lois du 20 septembre 1792 et 30 ventose an 11, relatives au divorce par consentement mutuel, il résulte qu'elles n'ont entr'elles que très-peu d'analogie. Par la première, d'après une seule et unique assemblée, et un délai d'environ sept mois, les époux étaient divorcés ; point d'inventaire, point de règlemens, de droits préalables, de consentemens des pères et mères ou ascendans vivans ; en un mot, aucune précaution n'avait été prise pour constater la volonté constante et permanente des époux ; aucune sûreté n'avait été prévue pour l'éducation des enfans ; cette loi se ressentait de la précipitation et du moment de sa rédaction : elle est du jour même de l'installation de la convention.

On ne saurait, au contraire, qu'être pénétré de respect pour

Suite de l'Observation. Loi du 30 ventose.

les dispositions de la loi du 30 ventose an 11 ; tout y respire la sagesse, la prudence et la prévoyance la plus profonde : une persévérance constante des époux, le consentement authentique des pères et mères, ou autres ascendans vivans, réitérés quatre fois différentes, sont des preuves certaines que le divorce est devenu le seul remède à appliquer aux souffrances des époux.

La précaution prise par les législateurs, de forcer les époux à faire inventaire, et à régler leurs droits avant la demande en divorce, de convenir de la maison où se retirera la femme pendant le divorce, et à qui les enfans seront confiés pendant et après le divorce, prouve le respect qu'ils ont pour le lien conjugal, et l'intérêt qu'ils portent aux enfans.

Nous croyons surabondant de rapporter le mode du divorce, sur la demande d'un des conjoints, pour simple cause d'*incompatibilité ;* cependant, comme il entre dans notre plan de comparer les deux lois relatives au divorce, et de faire remarquer en quoi elles diffèrent, nous allons en rendre compte.

Loi du 20 septembre 1792.

Dans le cas où le divorce sera demandé par l'un des époux contre l'autre, pour cause d'incompatibilité d'humeur ou de caractère, sans autre indication de motifs, il convoquera une première assemblée de parens, ou d'amis à défaut de parens, laquelle ne pourra avoir lieu qu'un mois après la convocation, art. 8, §. 2.

La convocation sera faite devant l'un des officiers municipaux du domicile du mari, en la maison commune du lieu, aux jour et heure indiqués par cet officier ; l'acte en sera signifié à l'époux défendeur, avec déclaration des noms et demeures des parens ou amis, au nombre de trois au moins, que l'époux demandeur entend faire trouver à l'assemblée, et invitation à l'époux défendeur de comparaître à l'assemblée, et d'y faire trouver de sa part également trois, au moins, de ses parens ou amis, art. 9.

Observations.

Nous avons observé que ce motif de divorce ne se trouve pas dans la loi du 30 ventose an 11. Les motifs qui l'ont fait rejeter sont détaillés avec une précision et une clarté qui ne laissent rien à desirer dans les deux discours du citoyen Treilhard, orateur du gouvernement, qui a présenté la loi : vouloir les analiser, ce serait les affaiblir ; il faut, pour se pénétrer des raisons qui ont déterminé les législateurs, lire ces discours avec la plus grande attention, et l'on sera convaincu que les apologistes du système de l'incompatibilité d'humeur ont erré dans leur opinion.

« La véritable incompatibilité, (dit le cit. Treilhard) il faut » l'avouer, est le plus grand des obstacles dans la société con- » jugale ; elle ne la rompt pas seulement, elle l'empêche même » de naître ; en lui laissant toutes les apparences matérielles, » elle lui enlève son principal lien, qui est celui des sentimens » et des affections. Deux époux qui doivent s'appartenir l'un à » l'autre tout entier, demeurent étrangers ou ennemis par leurs » penchans, par leurs habitudes, par toutes les facultés de leur » ame. S'il est vrai qu'il n'y ait pas de mariage sans consente- » ment, comment pourrait-on dire qu'il existe une société con- » jugale, là où ce consentement est repoussé par la continuité » d'une aversion invincible ?

» Mais pour que l'incompatibilité ait tous ces caractères, il » faut qu'elle soit constante, qu'elle soit profonde, et sur-tout » qu'elle soit *mutuelle.* Que pourraient, en effet, sur l'intégra- » lité du contrat, ces répugnances et les contradictions qui s'é- » lèvent d'un seul côté, lorsque de l'autre l'accord est maintenu » par la patience, par la douceur, et par cet esprit de support » et d'indulgence que chacun doit aux défauts de ses semblables ?

» Il suit de-là que l'incompatibilité entre deux époux ne sau- » rait jamais être démontrée que par l'*aveu commun* qu'ils en » font l'un et l'autre, et lorsqu'après s'être réciproquement » éprouvés avec persévérance, ils sentent que le fardeau d'une » vie commune leur est insupportable. »

Les observations faites par le cit. P. St. F., qui tendaient à

Suite de l'Observation.

ne faire admettre que le mode d'incompatibilité d'humeur, échouent devant un raisonnement aussi plausible ; et les législateurs, en les rejettant, se sont montrés les protecteurs et les soutiens des mœurs.

Loi du 20 septembre 1792.

L'époux demandeur en divorce sera tenu de se présenter en personne à l'assemblée ; il entendra, ainsi que l'époux défendeur, s'il comparaît, les représentations des parens ou amis, à l'effet de les concilier. Si la conciliation n'a pas lieu, l'assemblée se prorogera à deux mois, et les époux y demeureront ajournés. L'officier municipal sera tenu de se retirer pendant les explications et les débats de famille. En cas de non-conciliation, il sera rappellé dans l'assemblée pour en dresser acte, ainsi que de la prorogation, dans la forme prescrite par l'article 4 ci-dessus. Expédition de cet acte sera délivrée à l'époux demandeur, qui sera tenu de le faire signifier à l'époux défendeur, si celui-ci n'a pas comparu à l'assemblée, art. 10.

A l'expiration des deux mois, l'époux demandeur sera tenu de comparaître de nouveau en personne : si les représentations qui lui seront faites, ainsi qu'à son époux, s'il comparaît, ne peuvent encore les concilier, l'assemblée se prorogera à trois mois, et les époux y demeureront ajournés. Il en sera dressé acte, et la signification en sera faite s'il y a lieu, comme au cas de l'article précédent, art. 11.

Si à la troisième séance de l'assemblée à laquelle le provoquant sera également tenu de comparaître en personne, il ne peut être concilié, et persiste définitivement dans sa demande, acte en sera dressé : il lui en sera délivré expédition, qu'il fera signifier à l'époux défendeur, art. 12.

Si, aux première, seconde ou troisième assemblées, les parens ou amis indiqués par le demandeur en divorce ne peuvent s'y trouver, il pourra les faire remplacer par d'autres à son choix. L'époux défendeur pourra aussi faire remplacer, à son choix, les parens ou amis qu'il aura fait présenter aux premières assemblées; et enfin, l'officier municipal lui-même, chargé de la rédaction des actes de cette assemblée, pourra, en cas d'empêchement, être remplacé par un de ses collègues, art. 13.

Huitaine au moins, ou au plus dans les six mois après la date du dernier acte de non-conciliation, l'époux provoquant pourra se présenter, pour faire prononcer le divorce, devant l'officier public chargé de recevoir les actes de mariage dans la municipalité où le mari a son domicile; il observera, ainsi que l'officier public, les formes prescrites à ce sujet dans la loi sur les actes de naissances, mariages et décès. Après les six mois, il ne pourra y être admis qu'en observant de nouveau les mêmes formalités et les mêmes délais, art. 14.

Loi du 20 septembre 1792.

Mode du divorce, sur la demande d'un des époux, pour cause déterminée.

En cas de divorce demandé par l'un des époux, pour l'un des sept motifs déterminés, indiqués dans l'art. 4 du

Loi du 30 ventose an 11.
(Code civil.)

Du divorce pour cause déterminée, chap. 2, sect. 1re.

Des formes du divorce pour cause déterminée.

Quelque soit la nature des faits ou des délits qui donneront lieu à la demande pour cause déterminée, cette demande

Loi du 20 septembre 1792.

§ 1er. ci-dessus, ou pour cause de séparation de corps, aux termes de l'art. 5, il n'y aura lieu à aucun délai d'épreuve, art. 15.

Si les motifs déterminés sont établis par des jugemens, comme dans le cas de séparation de corps, ou de condamnation à des peines afflictives ou infamantes, l'époux qui demandera le divorce pourra se pourvoir directement pour le faire prononcer, devant l'officier public chargé de recevoir les actes de mariage dans la municipalité du domicile du mari. L'officier public ne pourra entrer en aucune connaissance de cause. S'il s'élève devant lui des contestations sur la nature ou la validité des jugemens représentés, il renverra les parties devant le tribunal de district, qui statuera en dernier ressort, et prononcera si ces jugemens suffisent pour autoriser le divorce, art. 16.

Dans le cas de divorce, pour absence de cinq ans sans nouvelles, l'époux qui le demandera pourra également se pourvoir directement devant l'officier public de son domicile, lequel prononcera le divorce, sur la représentation qui lui sera

Loi du 30 ventose an 11. (Code civil.)

ne pourra être formée qu'au tribunal de l'arrondissement dans lequel les époux auront leur domicile, art. 228.

Si quelques-uns des faits allégués par l'époux demandeur donnent lieu à une poursuite criminelle de la part du ministère public, l'action en divorce restera suspendue jusqu'après le jugement du tribunal criminel; alors elle pourra être reprise, sans qu'il soit permis d'inférer du jugement criminel aucune fin de non-recevoir ou exception préjudicielle contre l'époux demandeur, art. 229.

Suite de la Loi du 20 septembre 1792.

faite d'un acte de notoriété, constatant cette longue absence, art. 17.

Observation.

L'article 226 du code civil admet bien, pour cause de divorce, la condamnation à une peine infamante de l'un des époux ; mais la loi n'indique pas la marche à suivre pour le faire prononcer. J'estime que, dans ce cas particulier, il suffirait de la représentation au tribunal, du jugement, avec une requête contenant la demande en divorce, attendu le jugement de condamnation.

Comme l'absence n'est plus un motif de divorce, le code civil ne contient aucune disposition à cet égard.

Loi du 20 septembre 1792.

A l'égard du divorce fondé sur les autres motifs déterminés, indiqués par l'art. 4 du §. 1er. ci-dessus, le demandeur sera tenu de se pourvoir devant des arbitres de famille, en la forme prescrite dans le code de l'ordre judiciaire, pour les contestations entre mari et femme, art. 18.

Loi du 30 ventose an 11. (Code civil)

Toute demande en divorce détaillera les faits; elle sera remise avec les pièces à l'appui, s'il y en a, au président du tribunal, ou au juge qui en fera les fonctions, par l'époux demandeur, en personne, à moins qu'il n'en soit empêché par maladie; auquel cas, sur sa réquisition, et le certificat de deux officiers de santé, le magistrat se transportera au domicile du demandeur, pour y recevoir sa demande, art. 236.

Observation.

On paraît inférer des dispositions de cet article, que l'intention de la loi a été d'écarter le ministère des avoués, et de leur ôter la connaissance et l'instruction de ces actions. Je ne vois pas sur quoi on se fonde pour appuyer ce sentiment. La loi dit bien que la requête sera présentée et remise par le demandeur en personne; mais elle ne dit pas que cette requête ne sera signée que de la partie.

La requête est un acte judiciaire du ministère des avoués; et tout acte de cette nature doit être signé par eux.

La demande en divorce est bien certainement un acte judiciaire. D'après la loi de l'an 8, portant le rétablissement des avoués, ils ont exclusivement la signature et le droit de conclure. Un défenseur officieux est obligé d'avoir des conclusions signées d'un avoué, et les parties, quoique plaidant pour elles, sont dans la nécessité de se faire assister d'un avoué.

La loi nouvelle n'ayant rien de contraire à celle précitée, je crois pouvoir dire que c'est une erreur que de prétendre que la requête peut être présentée et revêtue d'une ordonnance sans signature d'avoué.

La réquisition du transport du juge par la partie, doit être une requête signée d'elle et de son avoué. (*V.* le modèle ci-après.)

Loi du 30 ventose an 11.

Le juge, après avoir entendu le demandeur, et lui avoir fait les observations qu'il croira convenables, paraphera la demande et les pièces, et dressera procès-verbal de la remise du tout en ses mains. Ce procès-verbal sera signé par le juge et par le demandeur, à moins que celui-ci ne sache ou ne puisse signer, auquel cas il en sera fait mention, art. 231.

Le juge ordonnera, au bas de son procès-verbal, que les parties comparaîtront en personne devant lui, au jour et à l'heure qu'il indiquera, et qu'à cet effet copie de son ordonnance sera par lui adressée à la partie contre laquelle le divorce est demandé, art. 232. (1)

Au jour indiqué, le juge fera aux deux époux, s'ils se présentent, ou au demandeur, s'il est seul comparant, les représentations qu'il croira propres à opérer un rapprochement. S'il ne peut y parvenir, il en dressera procès-verbal, et ordonnera la com-

(1) Voir les formules.

munication de la demande et des pièces au commissaire du gouvernement, et le référé du tout au tribunal, art. 233.

Dans les trois jours qui suivront, le tribunal, sur le rapport du président ou du juge qui en aura fait les fonctions, et sur les conclusions du commissaire du gouvernement, accordera ou suspendra la permission de citer. La suspension ne pourra excéder le terme de vingt jours, art. 234.

Le demandeur, en vertu de la permission du tribunal, fera citer le défendeur, dans la forme ordinaire, à comparaître en personne à l'audience à huis clos, dans le délai de la loi. Il fera donner copie, en tête de la citation, de sa demande en divorce, et des pièces produites à l'appui, art. 235.

A l'échéance du délai, soit que le défendeur comparaisse ou non, le demandeur en personne, assisté d'un conseil, s'il le juge à propos, exposera ou fera exposer les motifs de sa demande ; il représentera les pièces qui l'appuient, et nommera les témoins qu'il se propose de faire entendre, art. 236.

Si le défendeur comparaît en personne ou par un fondé de pouvoir, il pourra proposer ou faire proposer ses observations, tant sur les motifs de sa demande, que sur les pièces produites par le demandeur, et sur les témoins par lui nommés ; le défendeur nommera, de son côté, les témoins qu'il se propose de faire entendre, et sur lesquels le demandeur fera réciproquement ses observations, art. 237.

Il sera dressé procès-verbal des comparutions, dires et observations des parties, ainsi que des aveux que l'un ou l'autre pourra faire. Lecture de ce procès-verbal sera donnée auxdites parties, qui seront requises de le signer ; et il sera fait mention expresse de leur signature, ou de leur déclaration de ne pouvoir ou vouloir signer, art. 238.

Le tribunal renverra les parties à l'audience publique, dont il fixera le jour et l'heure ; il ordonnera la communication de la procédure au commissaire du gouvernement, et commettra un rapporteur. Dans le cas où le défendeur n'aurait pas comparu, le demandeur sera tenu de lui faire signifier l'ordonnance du tribunal dans le délai qu'elle aura déterminé, art. 239.

Au jour et à l'heure indiqués, sur le rapport du juge commis, le commissaire du gouvernement entendu, le tribunal statuera d'abord sur les fins de non-recevoir, s'il en a été proposé ; en cas qu'elles soient trouvées concluantes, la demande en divorce sera rejetée. Dans le cas contraire, ou s'il n'a pas été proposé de fins de non-recevoir, la demande en divorce sera admise, art. 240.

Immédiatement après l'admission de la demande en divorce, sur le rapport du juge commis, le commissaire du gouvernement entendu, le tribunal statuera au fond. Il fera droit à la demande, si elle lui paraît en état d'être jugée, sinon il admettra le demandeur à la preuve des faits pertinens par lui allégués, et le défendeur, à la preuve contraire, art. 241.

A chaque acte de la cause, les parties pourront, après le rapport du juge, et avant que le commissaire du gouvernement ait pris la parole, proposer ou faire proposer leurs moyens respectifs, d'abord sur les fins de non-recevoir, et ensuite sur le fonds; mais en aucun cas le conseil du demandeur ne sera admis, si le demandeur n'est pas comparant en personne, art. 242.

Aussitôt après la prononciation du jugement qui ordonnera les enquêtes, le greffier du tribunal donnera lecture de la partie du procès-verbal qui contient la nomination des témoins déjà faite que les parties se proposent de faire entendre. Elles seront averties par le président qu'elles peuvent encore

core en désigner d'autres, mais qu'après ce moment elles n'y seront plus reçues, art 243.

Les parties proposeront de suite leurs reproches respectifs contre les témoins qu'elles voudront écarter. Le tribunal statuera sur ces reproches, après avoir entendu le commissaire du gouvernement, art. 244. (1)

Les parens des parties, à l'exception de leurs enfans et descendans, ne sont pas reprochables du chef de la parenté, non plus que les domestiques des époux, en raison de cette qualité ; mais le tribunal aura-t-il égard, que de raison, aux dépositions des parens et des domestiques, art. 245.

Tout jugement qui admettra une preuve testimoniale, dénommera les témoins qui seront entendus, et déterminera le jour et l'heure auxquels les parties devront les présenter, art. 246.

Les dépositions des témoins seront reçues par le tribunal séant à huis clos, en présence du commissaire du gouvernement, des parties, et de leurs conseils ou amis, jusqu'au nombre de trois de chaque côté, art. 247. (2)

Les parties, par elles ou par leurs conseils, pourront faire aux témoins telles observations et interpellations qu'elles jugeront à propos, sans pouvoir néanmoins les interrompre dans le cours de leurs dépositions, art. 248.

Chaque déposition sera rédigée par écrit, ainsi que les dires et observations auxquels elle aura donné lieu. Le procès-verbal d'enquête sera lu

---

(1) Toutes ces formalités se remplissent de suite, et par le même procès-verbal.

(2) La loi se servant du mot *amis*, il ne faut pas prendre de parens ; mais cette disposition n'est nullement de rigueur ; et il suffit que les époux soient assistés de leurs conseils. J'ai suivi cette forme dans un divorce dont j'ai été chargé.

tant aux témoins qu'aux parties; les uns et les autres seront requis de le signer, et il fera mention de leur signature, ou de leur déclaration qu'ils ne peuvent ou ne veulent signer, art. 249. (1)

Après la clôture des deux enquêtes, ou de celle du demandeur, si le défendeur n'a pas produit de témoins, le tribunal renverra les parties à l'audience publique, dont il indiquera le jour et l'heure; il ordonnera la communication de la procédure au commissaire du gouvernement, et commettra un rapporteur. Cette ordonnance sera signifiée au défendeur, à la requête du demandeur, dans le délai qu'elle aura déterminé, art. 260.

Au jour fixé pour le jugement définitif, le rapport sera fait par le juge commis; les parties pourront ensuite faire, par elles-mêmes, ou par l'organe de leurs conseils, telles observations qu'elles jugeront utiles à leur cause; après quoi le commissaire du gouvernement donnera ses conclusions, art. 251.

Le jugement définitif sera prononcé publiquement; lorsqu'il admettra le divorce, le demandeur sera autorisé à se retirer devant l'officier de l'état civil, pour le faire prononcer, art. 252.

Loi du 20 septembre 1792.

Si, d'après la vérification des faits, les arbitres jugent la demande fondée, ils renverront le demandeur en divorce devant l'officier du domicile du mari, pour faire prononcer le divorce, art. 19.

Lorsque la demande en divorce aura été formée pour cause d'excès, de

(1) Cette lecture doit être faite par le greffier, immédiatement après chaque déposition ou observation, et signée de suite par le témoin, la partie et le conseil; et tous doivent aussi signer la fin du procès-verbal.

sévices ou d'injures graves, encore qu'elles soient bien établies, les juges pourront ne pas admettre immédiatement le divorce ; et alors, avant faire droit, ils autoriseront la femme à quitter la compagnie de son mari, sans être tenue de le recevoir, si elle ne le juge à propos ; et ils condamneront le mari à lui payer une pension alimentaire proportionnée à ses facultés, si elle n'a pas elle-même des revenus suffisans pour fournir à ses besoins, art. 253.

Après une année d'épreuves, si les parties ne se sont pas réunies, l'époux demandeur pourra faire citer l'autre époux à comparaître au tribunal dans le délai de la loi, pour y entendre prononcer le jugement définitif, qui pour lors admettra le divorce, art. 254.

Observation.

Quelque louables que soient les motifs des dispositions de cet article, qui prouve que les législateurs ont cru qu'un rapprochement pourrait avoir lieu entre les époux, nous ne pouvons nous empêcher de dire que nous le croyons en contradiction avec les précédens; que c'est laisser une latitude à l'arbitraire, et qu'en supposant l'impossible, c'est-à-dire un rapprochement, une réconciliation, il ne sera jamais sincère ; les époux ne se pardonneront jamais, les reproches qu'ils se seront faits, ni les torts qu'ils auront eus, et cela ne fera qu'aggraver leurs maux, et donner lieu à de nouveaux frais, sans opérer le bien qu'on semble se promettre par ces dispositions.

Le délai de la loi dont il est question article 254, est celui de huitaine franche. J'estime que c'est le cas de présenter requête au tribunal à cet effet, dont le modèle se trouve à la fin de la procédure du divorce.

Lorsque le divorce sera demandé par la raison qu'un des époux est condamné à une peine infamante, les seules formalités à observer consisteront à présenter au tribunal civil une expédition en bonne forme du jugement de condamnation, avec un certificat du tribunal criminel, portant que ce même jugement n'est plus susceptible d'être réformé par aucune voie légale, art. 235. (1)

Loi du 20 septembre 1792.

L'appel du jugement arbitral en suspendra l'exécution; cet appel sera instruit sommairement, et jugé dans le mois, art. 20.

En cas d'appel du jugement d'admission ou du jugement définitif, rendu par le tribunal de première instance, en matière de divorce, la cause sera instruite et jugée par le tribunal d'appel, comme affaire urgente, art. 256.

L'appel ne sera recevable qu'autant qu'il aura été interjetté dans les trois mois, à compter du jour de la signification du jugement rendu contradictoirement ou par défaut. Le délai pour se pourvoir au tribunal de cassation contre un jugement en dernier ressort, sera aussi de trois mois, à compter de la signification : le pourvoi sera suspensif, art. 257.

En vertu de tout jugement rendu en dernier ressort, ou passé en force de chose jugée, qui autorise le divorce, l'époux qui l'aura obtenu sera obligé de se présenter, dans le délai de deux mois, devant l'officier de l'état civil, l'autre partie dûment appelée, pour faire prononcer le divorce, art. 258. (2)

Ces deux mois ne commenceront à courir, à l'égard des jugemens de première instance, qu'après l'expiration du délai d'appel; à l'égard des jugemens rendus par défaut, en cause d'appel, qu'après l'expiration du délai d'opposition; et à l'égard des jugemens contradictoires, en dernier

(1) Voir le modèle de la demande, *infrà*.

(2) Voir les formules, *infrà*.

ressort, qu'après l'expiration du délai du pourvoi en cassation, art. 259.

L'époux demandeur qui aura laissé passer le délai de deux mois ci-desus déterminé, sans appeller l'autre époux devant l'officier de l'état civil, sera déchu du bénéfice du jugement qu'il avait obtenu, et ne pourra reprendre son action en divorce, sinon pour cause nouvelle; auquel cas il pourra néanmoins faire valoir les anciennes, art. 260.

Observation.

Nous n'examinerons point les lois des 8 nivose et 4 floréal an 2, leur effet ayant été suspendu par un décret du 15 thermidor an 3.

La loi du 20 septembre 1792 n'avait pourvu à aucune mesure provisoire en faveur du demandeur en divorce, pour empêcher la dilapidation de la communauté de la part du défendeur. Cette omission essentielle a été réparée par un décret du 22e jour du premier mois de l'an 2.

Loi du 22e jour du premier mois de l'an 2, qui autorise le conjoint demandeur en divorce à apposer les scellés sur les effets mobiliers de communauté.

En formant une demande en divorce, s'il existe une communauté, le conjoint demandeur pourra faire apposer les scellés sur tous le meubles et effets dépendant de ladite communauté, art. 1er.

Loi du 30 ventose an 11,

SECTION 2.

Des mesures provisoires auxquelles peut donner lieu la demande en divorce pour cause déterminée.

L'administration provisoire des enfans restera au mari demandeur ou défendeur en divorce, à moins qu'il n'en soit autrement ordonné par le tribunal, sur la demande soit de la mère, soit de la famille, ou du com-

Loi du 2e jour du premier mois de l'an 2.

Ces scellés ne pourront, soit dans le cours de l'instance, soit après le jugement définitif, être levés qu'en procédant de suite à l'inventaire des choses y comprises, à moins que les deux parties ne consentent à une levée pure et simple.

Loi du 30 ventose an 11.

SECTION 2.

missaire du gouvernement, pour le plus grand avantage des enfans, art. 261.

La femme demanderesse ou défenderesse en divorce pourra quitter le domicile du mari pendant la poursuite, et demander une pension alimentaire proportionnée aux facultés du mari. Le tribunal indiquera la maison dans laquelle la femme sera tenue de résider, et fixera, s'il y a lieu, la provision alimentaire que le mari sera obligé de lui payer, art. 262.

Observation.

Si c'est la femme qui provoque le divorce, j'estime qu'elle doit demander, par sa requête introductive, 1°. qu'il soit statué sur le sort des enfans; 2°. à être autorisée à quitter la maison commune, et à se retirer provisoirement dans celle qu'elle indiquera; 3°. et enfin, une provision alimentaire.

Loi du 30 ventose an 11.

La femme sera tenue de justifier de sa résidence dans la maison indiquée, toutes les fois qu'elle en sera requise; à défaut de cette justification, le mari pourra refuser la provision alimentaire; et si sa femme est demanderesse en divorce, la faire déclarer non-recevable à continuer ses poursuites, art. 263.

Observation.

Ces dispositions ne peuvent avoir d'exécution que jusqu'au

moment du jugement; et alors le mari et la femme, devenant étrangers l'un à l'autre, la femme peut prendre tel domicile que bon lui semble.

La femme, commune en bien, demanderesse ou défenderesse en divorce, pourra, en tout état de cause, à partir de la date de l'ordonnance dont il est fait mention en l'article 232, requérir, pour la conservation de ses droits, l'apposition des scellés sur les effets mobiliers de la communauté. Ces scellés ne seront levés qu'en faisant inventaire avec prisée, et à la charge, par le mari, de représenter les choses inventoriées, ou de répondre de leur valeur comme gardien judiciaire, art. 264.

Observation.

J'estime que si c'est la femme qui est demanderesse en divorce, elle doit requérir l'apposition des scellés par sa demande, et y faire procéder de suite, pour éviter les spoliations que le mari pourrait faire.

Je pense même qu'elle peut, si elle a un contrat de mariage, former des inscriptions sur son mari.

L'art. 2 de la loi du 22e jour du premier mois de l'an 2, prescrivait l'inventaire et non la prisée : c'est en cela qu'il diffère de l'article 264 de la nouvelle loi.

Toute obligation contractée par le mari, à la charge de la communauté ; toute aliénation par lui faite des immeubles qui en dépendent, postérieurement à l'ordonnance dont il est fait mention en l'article 232, sera déclarée nulle, s'il est prouvé qu'elle est faite ou contractée en fraude des droits de la femme, art. 265.

Observation.

Ces dispositions dont la prévoyance et la sagesse n'ont pas besoin d'apologie, ne se trouvent point dans la loi précitée ; on sent cependant que, sans toutes ces précautions, la femme courrait les risques de tout perdre.

Aucune disposition des anciennes lois sur le divorce n'avait établi les moyens d'éteindre ces actions ou de les arrêter. Dans le principe, les époux avaient une liberté illimitée, qui a été cause de bien des malheurs. La loi du 30 ventose an 11, au contraire, en laissant subsister l'action en divorce, l'a entourée d'entraves; mais plus méditée, plus prévoyante, la loi a cherché les moyens d'arrêter ces demandes et de les éteindre au moment, pour ainsi dire, dès leur naissance, en établissant des fins de non-recevoir contre icelle, pour cause déterminée.

L'action en divorce sera éteinte par la réconciliation des époux, survenue, soit depuis les faits qui auraient pu autoriser cette action, soit depuis la demande en divorce, art. 266.

Dans l'un et l'autre cas, le demandeur sera déclaré non-recevable dans son action; il pourra, néanmoins, en intenter une nouvelle, pour cause survenue depuis la réconciliation, et alors faire usage des anciennes causes, pour appuyer sa nouvelle demande, art. 267.

Si le demandeur en divorce nie qu'il y ait eu réconciliation, le défendeur en fera preuve, soit par écrit, soit par témoins, dans la forme prescrite en la première section du présent chapitre, art. 268.

Observation.

La loi du 20 septembre 1792 a distingué les effets du divorce par rapport aux époux, de ceux qui ont rapport aux enfans. Ces différences sont établies dans les paragraphes 3 et 4. La loi nouvelle, au contraire, les a compris dans un seul et même chapitre. Nous allons en faire la comparaison, pour faire connaître en quoi elles diffèrent l'une de l'autre.

Loi du 20 septembre 1792.

§. 3.

Effet du divorce, par rapport aux époux.

Les effets du divorce, par rapport à la personne des époux, sont de rendre au mari et à la femme leur entière indépendance, avec la faculté de contracter un nouveau mariage, art. 1er.

Les époux divorcés peuvent se remarier ensemble ; ils ne pourront contracter avec d'autres un nouveau mariage, qu'un an après le divorce, lorsqu'il a été prononcé sur consentement mutuel, ou pour simple cause d'incompatibilité d'humeur et de caractère.

Dans le cas où le divorce a été prononcé pour cause déterminée, la femme ne peut également contracter un nouveau mariage avec un autre que son premier mari, qu'un an après le divorce, si ce n'est qu'il soit fondé sur l'ab-

Loi du 30 ventose an 11. (Code civil.)

CHAPITRE 4.

Des effets du divorce.

Les époux qui divorceront, pour quelque cause que ce soit, ne pourront plus se réunir, art. 289.

Observation.

Malgré les motifs de cette loi, je ne suis pas convaincu de la nécessité d'empêcher la réunion des deux époux ; et je présume que l'on peut croire au repentir ; quant à l'intérêt il était possible d'en arrêter l'effet, en décidant qu'en cas de réunion, on ne pourrait point faire de nouvelles conventions.

Dans le cas de divorce prononcé pour cause déterminée, la femme divorcée ne pourra se remarier que dix mois

Loi du 20 *septembre* 1792.	*Loi du* 30 *ventose an* 11. (Code civil.)

sence du mari depuis cinq ans sans nouvelles.

après le divorce prononcé, art. 290. (*)

(*) *Observations.*

Il est prouvé, par les plus célèbres médecins et anatomistes, qu'une femme peut accoucher au bout de 13 à 14 mois. Le délai de 10 *mois me semble trop court.*

On a vu précédemment que l'absence n'est plus une cause de divorce, d'après les dispositions de la nouvelle loi.

De quelque manière que le divorce ait lieu, les époux divorcés seront réglés par rapport à la communauté de biens ou à la société d'acquêts qui a existé entre eux, soit par la loi, soit par la convention, comme si un d'eux était décédé, art. 4.

Dans le cas de divorce par consentement mutuel, aucun des deux époux ne pourra contracter un nouveau mariage que trois ans après la prononciation du divorce, art. 291.

Dans le cas de divorce admis en justice pour cause d'adultère, l'époux coupable ne pourra se marier avec son complice. La femme adultère sera condamnée, par le même jugement, et sur la réquisition du ministère public, à la réclusion dans une maison de correction, pour un tems déterminé, qui ne pourra être moindre de trois mois, ni excéder deux années, art. 292.

Observations. Loi du 30 ventose.

La loi de septembre 1792 n'a aucune disposition pour le cas d'adultère, et n'a prononcé aucune peine contre les époux, dans ce cas; aussi voyoit-on les adultères épouser leur complice impunément.

Loi du 20 septembre 1792.	*Loi du 30 ventose an 11.* (Code civil.)
Il sera fait exception à l'article précédent, pour le cas où le divorce aura été obtenu par le mari contre la femme, pour l'un des motifs déterminés, exposés dans l'article 4 du §. 1er. ci-dessus, autre que la démence, la folie ou la fureur; la femme, en ce cas, sera privée de tous droits et bénéfices dans la communauté de biens ou société d'acquêts; mais elle reprendra les biens qui y sont entrés de son côté, art. 5.	Pour quelque cause que le divorce ait lieu, hors le cas du consentement mutuel, l'époux contre lequel le divorce aura été admis, perdra tous les avantages que l'autre époux lui avait faits, soit par leur contrat de mariage, soit depuis le mariage contracté, art. 299.
A l'égard des droits matrimoniaux, emportant gain de survie, tels que douaire, augment de dot ou agencement, droit de viduité, droit de partdans les biens meubles ou immeubles du prédécédé, ils se-	L'époux qui aura obtenu le divorce, conservera les avantages à lui faits par l'autre époux, encore qu'ils aient été stipulés réciproques, et que la réciprocité n'ait pas lieu, art. 294.

Loi du 20 septembre 1792.

ront, dans tous les cas de divorce, éteints et sans effet. Il en sera de même des droits ou avantages pour cause de mariage, que les époux ont pu se faire réciproquement, ou l'un à l'autre, ou qui ont pu être faits à l'un d'eux, par les père, mère ou autres parens de l'autre. Les dons mutuels, faits depuis le mariage et avant le divorce, resteront aussi comme non-avenus, et sans effet; le tout, sauf les indemnités ou pension énoncées dans les articles qui suivent, art. 6.

Dans le cas de divorce par l'un des motifs déterminés, énoncés dans l'article 4 du § 1er. ci-dessus, celui qui aura obtenu le divorce sera indemnisé de la perte des effets du mariage dissous, et de ses gains de survie, dons et avantages, par une pension viagère sur les biens de l'autre époux, laquelle sera réglée par des arbitres de famille, et courra du jour de la prononciation du divorce, art. 7.

Loi du 20 septembre 1792.

Il sera également alloué, par des arbitres de famille, dans tous les cas de divorce, une pension alimentaire à l'époux divorcé qui se trouvera dans le besoin, autant néanmoins que les biens de l'autre époux pourront le supporter, déduction faite de ses propres besoins, art. 8.

Les pensions d'indemnités ou alimentaires,

Loi du 30 ventose an 11. (Code civil.)

Si les époux ne s'étaient fait aucun avantage, ou si ceux stipulés ne paraissaient pas suffisans pour assurer la subsistance de l'époux qui a obtenu le divorce, le tribunal pourra lui accorder, sur les biens de l'autre époux, une pension alimentaire, qui ne pourra excéder le tiers des revenus de cet autre époux. Cette pen-

Loi du 20 *septembre* 1792.	*Loi du* 30 *ventose an* 11. (Code civil.)
énoncées dans les articles précédens, seront éteintes, si l'époux divorcé qui en jouit contracte un second mariage, art. 9.	sion sera révocable, dans le cas où elle cesserait d'être nécessaire, art. 295.

Loi du 20 *septembre* 1792.

En cas de divorce pour cause de séparation de corps, les droits et intérêts des époux divorcés resteront réglés comme ils l'ont été par les jugemens de séparation, et selon les lois existantes lors de ces jugemens, ou par les actes et transactions passés entre les parties, art. 10.

Tout acte de divorce sera sujet aux mêmes formalités d'enregistrement et publication que l'étaient les jugemens de séparation; et le divorce ne produira, à l'égard des créanciers des époux, que les mêmes effets que produisaient ces séparations de corps ou de biens, art. 11.

Observation.

La loi nouvelle ne fait aucune mention de ces formalités; mais par cela même qu'elle ne les abroge pas, je pense qu'elles doivent être observées. Je les ai suivies dans un divorce dont j'ai été chargé.

Loi du 20 *septembre* 1792.	*Loi du* 30 *ventose an* 11. (Code civil.)
Effet du divorce par rapport aux enfans.	
Dans le cas du divorce par consentement mu-	Les enfans seront confiés à l'époux qui a ob-

Loi du 20 *septembre* 1792.

Les enfans conserveront leurs droits de successibilité à leur père et à leur mère divorcés S'il survient à ces derniers d'autres enfans de mariages subséquens, les enfans des différens lits succéderont en concurrence, et par égales portions, art. 7.

Les époux divorcés ayant enfans, ne pourront, en se mariant, faire de plus grands avantages, pour cause de mariage, que ne le peuvent, selon les lois, les époux veufs qui se remariaient ayant enfans, art. 8.

Loi du 30 *ventose an* 11. (Code civil.)

Dans le cas du divorce par consentement mutuel, la propriété de la moitié de biens de chacun des époux sera acquise de plein droit, du jour de leur première déclaration, aux enfans nés de leur mariage : les père et mère conserveront néanmoins la jouissance de cette moitié jusqu'à la majorité de leurs enfans, à la charge de pourvoir à leur nourriture, entretien et éducation, conformément à leur fortune et état ; le tout, sans préjudice des autres avantages qui pourraient avoir été assurés auxdits enfans par les conventions matrimoniales de leurs père et mère, art. 299.

Observation.

Les dispositions prohibitives des articles 8 et 9 du §. 4 de la loi du 20 septembre 1792, ne se trouvent pas dans la loi du 30 ventose an 11. En effet, elles ne doivent trouver leur place que dans la loi qui concerne les conventions entre les époux.

Ces dispositions sont contenues dans la loi du 13 floréal an 11, art. 387, 388 et 389.

Loi

Loi du 13 *floréal an* 11.

L'homme ou la femme qui, ayant des enfans d'un autre lit, contractera un second ou subséquent mariage, ne pourra donner à son nouvel époux qu'une part d'enfant légitime le moins prenant, et sans que, dans aucun cas, les donations puissent excéder le quart des biens, art. 387.

Les époux ne pourront se donner indirectement au-delà de ce qui leur est permis par les dispositions ci-dessus.

Toute donation, ou déguisée, ou faite à personne interposée, sera nulle, art. 388.

Seront réputées faites à personnes interposées les donations de l'un des époux aux enfans, ou à l'un des enfans de l'autre époux, issus d'un autre mariage; et celle faite par le donateur aux parens dont l'autre époux sera héritier présomptif au jour de la donation, encore que ce dernier n'ait point survécu à son parent donataire, art. 389. (1)

Nous croyons devoir rapporter ici les dispositions de la section 5 du titre 4 d'une autre loi du même jour 20 septembre 1792, qui détermine le mode de constater l'état civil des citoyens, et qui sont relatives aux formalités à remplir par l'officier public, pour parvenir à la prononciation du divorce, formalités qui ne sont pas abrogées par le Code civil.

---

(1) *Voyez* l'art. 279 de la Coutume de Paris, et l'Édit des deux noces de François II.

SECTION V.

Du Divorce dans ses rapports avec les fonctions de l'officier public chargé de constater l'état civil des citoyens.

Art. Ier. Aux termes de la constitution, le mariage est dissoluble par le divorce.

II. La dissolution du mariage par le divorce, sera prononcée par l'officier public chargé de recevoir les actes de naissance, mariage et décès, dans la forme qui suit.

III. Lorsque deux époux demanderont conjointement le divorce, ils se présenteront accompagnés de quatre témoins majeurs, devant l'officier public, en la maison commune, aux jour et heure qu'il aura indiqués : ils justifieront qu'ils ont observé les délais exigés par la loi sur le mode du divorce : ils représenteront l'acte de non-conciliation qui aura dû leur être délivré par leurs parens assemblés; et sur leur réquisition, l'officier public prononcera que leur mariage est dissous.

IV. Il sera dressé acte du tout sur le registre des mariages; cet acte sera signé des parties, des témoins et de l'officier public, où il sera fait mention de ceux qui n'auront pu ou su signer.

V. Si le divorce est demandé par l'un des conjoints seulement, il sera tenu de faire signifier à son conjoint un acte aux fins de le voir prononcer : cet acte contiendra réquisition de se trouver en la maison commune de la municipalité, dans l'étendue de laquelle le mari a son domicile, et devant l'officier public chargé des actes de naissances, mariages et décès, dans le délai qui aura été fixé par cet officier. Le délai ne pourra être moindre de trois jours, et en outre d'un jour par dix lieues, en cas d'absence du conjoint appelé.

VI. A l'expiration du délai, le conjoint demandeur se présentera, accompagné de quatre témoins majeurs, devant l'officier public; il représentera les différens actes ou jugemens qui doivent justifier qu'il a observé les formalités et les délais exigés par la loi sur le mode du divorce, et qu'il est fondé à le demander : il représentera aussi l'acte de réquisition qu'il aura dû faire signifier à son conjoint, aux termes de l'article précédent; et sur sa réquisition, l'officier public prononcera, en présence ou en absence du conjoint duement appelé, que le mariage est dissous.

VII. Il sera donné acte du tout sur le registre des mariages, en la forme réglée par l'article IV ci-dessus.

VIII. S'il s'élève des contestations de la part du conjoint contre lequel le divorce sera demandé, sur aucun des actes ou jugemens représentés par le conjoint demandeur, l'officier public n'en pourra prendre connaissance; il renverra les parties à se pourvoir.

IX. L'officier public qui aura prononcé le divorce, et en aura fait dresser acte sur les registres des mariages, sans qu'il lui ait été justifié des délais, des actes et des jugemens exigés par la loi sur le divorce, sera destitué de son état, condamné à cent livres d'amende, et aux dommages-intérêts des parties.

PROCÉDURE DU DIVORCE,

PAR UNE FEMME, CONTRE SON MARI.

Loi du 30 ventose an 11.

Au Citoyen Président du Tribunal de Première Instance du département de la Seine :

Vous expose (*Les noms, prénoms, demeure du demandeur en divorce.*)

Ensuite détailler les faits qui donnent lieu à la demande en divorce, d'une manière précise (1), *afin que, s'il y a lieu à en faire preuve, le tribunal puisse aisément l'ordonner, et donner la permission de citer.*

Ce considéré, cit. Président, il vous plaise ordonner que le cit.   comparaîtra en personne, pardevant vous, aux jour et heure qu'il vous plaira indiquer, pour répondre aux faits articulés par l'exposante, en la présente requête, lesquels il sera tenu d'accorder ou contester. En cas d'aveu, admettre le divorce d'entre l'expo-

(1) Les signaler par des époques fixes, par une justification de pièces qui en établissent la vérité, ou par des circonstances tellement claires, que des témoins puissent, s'il y a lieu, en déposer sans équivoque.

sante et le cit. (*le nom du défendeur*) son mari, pour cause (*exprimer le motif de la demande*). En conséquence, et aux termes de l'article 252 de la loi du 30 ventose an 11, relative au divorce, autoriser l'exposante à se retirer devant l'officier de l'état civil, pour le faire prononcer.

Et en cas de dénégation desdits faits de la part du cit. (*le nom du défendeur*,) permettre à l'exposante, conformément à l'article 241 de ladite loi, d'en faire preuve, tant par titre que par témoins, dans la forme voulue par la loi, sauf au cit. (*le nom*), à faire la preuve contraire; pour, les enquêtes faites et communiquées au commissaire du gouvernement, être par l'exposante pris telles conclusions, et par le tribunal statuer ce qu'il appartiendra : comme aussi l'exposante requiert qu'il vous plaise l'autoriser, pour la conservation de ses droits, à faire apposer les scellés sur les meubles et effets dépendans de la communauté de biens d'entre elle et son mari, lors de laquelle opération le juge de paix sera autorisé à lui remettre provisoirement les effets nécessaires à son usage personnel, et que, pour prévenir les dangers auxquels elle serait exposée, si, après sa demande en divorce, elle restait dans la maison de son mari, il vous plaise, citoyen président, l'autoriser à continuer provisoirement de demeurer chez le citoyen (*les noms de la personne*), demeurant rue n°. où elle est maintenant (ou à se retirer chez le citoyen ( ), jusqu'à ce qu'il en ait été autrement ordonné, et qu'en attendant l'événement de ladite demande, que le citoyen (*le nom du mari*) sera condamné à lui faire une pension alimentaire de la somme de , payable par avance, de trois en trois mois, sous toutes réserves de droit.

Nota. *Aux termes de l'article 230 de la loi, cette requête doit être remise au président par l'époux demandeur en personne, avec les pièces justificatives, s'il y en a, entr'autres le contrat de mariage, l'extrait de la célébration, etc.*

La loi ne dit pas que cette requête sera signée par un avoué; cependant, comme c'est un acte judiciaire, cette signature est d'absolue nécessité (1).

Lors de la remise de la demande et des pièces, le président dresse le procès-verbal indiqué article 231.

PROCÈS-VERBAL.

L'an de la république française, le heure de pardevant nous président du tribunal civil de première instance du département de la Seine, assisté du citoyen greffier, est comparue D épouse du cit. elle demeurante à Paris, rue laquelle nous a dit que dans les circonstances où elle se trouve, elle est forcée de demander son divorce d'avec son mari, pour causes déterminées, qui sont: (*énoncer les motifs*) que pour y parvenir elle nous présente requête écrite sur feuille de papier marqué du timbre de 50 cent., qu'elle a à l'instant signée devant nous avec le cit. son avoué (2), laquelle contient le détail de tous les faits par elle articulés. Après en avoir pris lec-

---

(1) Le citoyen *Denise*, mon confrère, a suivi un divorce depuis moi, et le président a refusé sa signature sur la requête. Cela n'est pas, selon moi, régulier, car la requête est un acte judiciaire. Ceux qui seront dans le cas, consulteront le tribunal.

(2) On observe que l'avoué doit se retirer après avoir signé la requête.

ture, ensemble, 1°. de (*énoncer succinctement le contenu aux pièces jointes*). Après avoir aussi entendu la comparante et lui avoir fait toutes les représentations convenables pour la déterminer à ne point donner suite à sa demande, et à se rapprocher de son mari, n'ayant pu y parvenir, nous avons coté et paraphé, tant ladite requête, composée de (1) feuilles de papier marqué du timbre de cinquante centimes, écrite seulement sur que les autres pièces, au nombre de qui sont (*énoncer les pièces produites*): lesquelles requête et pièces sont restées en nos mains, conformément à l'article 231 de la loi du 30 ventose an 11; et a signé avec nous, sous la réserve de tous ses droits : ainsi signé en cet endroit de la minute des présentes prési-dent greffier Desquelles comparution, dire, réquisition et remise de pièces, nous avons donné acte à la D En conséquence, avons ordonné que ladite D et ledit cit. son mari, comparaîtront devant nous en personne, le heure de en la chambre du conseil du tribunal de première instance du département de la Seine, et cependant autorisons ladite D à faire apposer les scellés dans les lieux occupés par elle et son mari, dépendans d'une maison sise rue n°. division au étage, sur les effets mobiliers dépendans de la communauté des biens d'entr'eux, suivant la faculté à elle accordée par l'article 264 de la même loi, par le juge de paix de la division de (*le nom*) dans l'étendue de laquelle ledit cit. et son épouse sont domiciliés, lequel juge de paix est et demeure autorisé à remettre à ladite D provisoirement les effets nécessaires à son usage

---

(1) (*Désigner sur combien de pages les recto et verso*).

personnel, dont il sera fait une exacte description, et dont ladite D se chargera pour en faire la représentation quand et à qui il appartiendra : considérant au surplus la nature des faits articulés par la D par sa requête, et prévoyant les dangers auxquels elle pourrait être exposée, l'autorisons (à continuer de demeurer provisoirement) ou à se retirer provisoirement et jusqu'à ce qu'il en soit autrement et définitivement ordonné par le tribunal, chez le citoyen (le nom, la qualité, la demeure) : au surplus, ordonnons que notre présente ordonnance sera adressée audit cit. par huissier-audiencier près le tribunal, qu'à ce faire commettons, laquelle sera exécutée par provision, nonobstant l'appel, et sans y préjudicier, et avons signé avec le citoyen

Nota. *En vertu de cette ordonnance, la femme fait apposer le scellé sur les effets de la communauté, s'il y a lieu : comme il serait à craindre que le mari divertît les effets de la communauté, il ne faut lui faire la signification de l'ordonnance qu'après l'apposition des scellés, ou pendant qu'on y procède. Cette précaution est essentielle pour la femme.*

SIGNIFICATION DE L'ORDONNANCE AU MARI.

(1) L'an de la République française, le de à la requête de D épouse du cit.

---

(1) Au lieu de cette signification dans le divorce suivi par le citoyen Denise, l'ordonnance a été notifiée ainsi que l'on voit.

Copie de l'ordonnance ci-dessus a été adressée au cit. demeurant rue par moi huissier, le an
Enregistré le

Cette notification dans cette forme ne me paraît nullement régulière; elle péche, selon moi, contre la forme; 1°. elle n'est demeurant rue n°. division qui a élu son domicile en la maison de avoué au tribunal de première instance du département de la Seine, sise rue n°. division de J'ai soussigné, adressé, signifié, donné copie au cit. demeurant rue n°. division en son domicile, parlant à du procès-verbal dressé le du présent mois, par le cit. président du tribunal de première instance du département de la Seine, en exécution de la loi du 30 ventose an 11, concernant le divorce que la D demande contre son mari, ensemble de l'ordonnance étant ensuite duement en forme enregistrés, à ce que de tout il n'ignore, et en vertu de ladite ordonnance, même requête et élection de domicile que dessus; j'ai, huissier à ce commis, susdit et soussigné, sommé et interpellé le cit. en son domicile, parlant comme dessus, de comparoir et se trouver en personne le prochain du présent mois, heure de en la chambre du conseil du tribunal de première instance du département de la Seine, pour procéder aux fins des procès-verbal et ordonnance susdatés, déclarant que ladite D s'y trouvera en personne, en exécution de ladite ordonnance, et en tant que besoin est ou serait, que le cit. avoué *occupera* (1)

---

notifiée à requête de personne; 2°. l'huissier n'a point mis sa matricule; 3°. il n'a parlé à personne.

J'estime, moi, que cette notification doit être faite dans la forme des ajournemens; au surplus, ma notification a été admise.

Cependant il paraît que cette forme de notification est arrêtée par le président. Le Code judiciaire nous tirera de notre incertitude; et il aurait été à desirer qu'il eût paru immédiatement avec les parties du Code civil décrétées.

(1) Quoique la loi soit muette sur la constitution d'avoué, je la crois nécessaire.

en ladite instance de divorce; et j'ai audit citoyen en son domicile, parlant comme dessus, laissé copie desdits procès-verbal, ordonnance, et du présent.

Au jour indiqué, le président dresse le procès-verbal énoncé article 233.

PROCÈS-VERBAL.

L'an de la République française, le de heure de en la chambre du conseil, et pardevant nous président du tribunal civil de première instance du département de la Seine, assisté du citoyen greffier, est comparue D épouse du citoyen demeurant à Paris, rue n°. division dans le domicile du cit. où elle s'est provisoirement retirée, en vertu de notre ordonnance ci-après énoncée et datée, laquelle nous a dit qu'en vertu de notre ordonnance du présent mois, duement enregistrée, et dont copie a été adressée le de ce mois, par exploit de l'un des huissiers-audienciers du tribunal, en date dudit jour, au citoyen son mari (1).

Elle a, par ledit exploit, fait faire en même temps sommation à ce dernier à comparaître et se trouver à ce jour, lieu et heure, pardevant nous, pour procéder aux fins de ladite ordonnance et du procès-verbal qui la précède, avec déclaration que ladite D se trouverait en personne, en exécution de ladite ordonnance.

L'original de laquelle sommation est à l'instant

(1) Si l'on admet la notification dans la nouvelle forme, il faut retrancher ce qui se trouve dans l'accolade.

emeuré ci-joint à la réquisition de la compa-
ınte. En conséquence, elle nous a requis de lui onner acte de ses comparution, dire et remise e pièces, et défaut contre le cit. son mari, ans le cas où il ne comparaîtrait pas ; et pour profit, d'ordonner ce qu'il appartiendra; et a gné avec nous et le greffier ces présentes, *signé*.

Est aussi comparu ledit citoyen ci-dessus énommé et qualifié, demeurant à Paris, rue °. division lequel a dit qu'il comparaît ardevant nous, à cejourd'hui et heure, au desir es ordonnance et sommation surdatées, et lecure à lui faite du présent dire, il déclare ne saoir écrire ni signer, quoique de ce par nous inerpellé, suivant la loi (ou a signé);

Desquelles comparutions, dires, réquisitions et emises de pièces, nous avons donné acte aux comarans; nous leur avons ensuite fait les représentions que nous avons cru propres à opérer un approchement, et n'ayant pu y parvenir, nous vons dressé le présent procès-verbal conformément à la loi, et avons dit et ordonné que la deande et les pièces seront communiquées au comissaire du gouvernement, et que du tout il sera éféré au tribunal conformément à la loi, et avons gné avec le greffier.

ota. *Il faut avoir l'attention de faire passer de suite les pièces au commissaire du gouvernement, afin qu'il donne ses conclusions, et que le rapport se fasse dans les trois jours, aux termes de l'art.* 234.

CONCLUSIONS DU COMMISSAIRE.

Vu le présent procès-verbal et les pièces y jointes,

je n'empêche, qu'aux termes de l'article 235 du Code civil, il ne soit permis à (*les noms de fille*) poursuivant son divorce, de faire citer (son mari, dans la forme ordinaire, à comparaître en personne à l'audience à huis-clos dans le délai de la loi. Fait au parquet, le an

Nota. Sur et d'après les conclusions du commissaire du gouvernement, le président en réfère à huis-clos en la chambre du conseil, hors la présence des parties, et sur son rapport intervient le jugement ci-après.

Jugement qui permet de citer.

Sur le rapport fait à la chambre du conseil du tribunal, première section, par le citoyen ( ) président du tribunal, 1°. de la demande en divorce de épouse de d'avec ledit ( ), pour causes déterminées (*énoncer les motifs*) demeurante à Paris, rue n°. division d dans le domicile du cit. où elle s'est provisoirement retirée en vertu de l'ordonnance du président, en date du présent mois, duement enregistrée; 2°. du procès-verbal dressé par ledit citoyen président, ledit jour présent mois, duement enregistré, constatant que ladite demande et les pièces ont été par lui paraphées, et que le tout a été remis en ses mains; au bas duqueldit procès-verbal est son ordonnance, portant que les parties comparaîtront en personne devant lui aux jour et heure par lui indiqués, et qu'à cet effet copie de son ordonnance sera adressée audit citoyen par l'un des huissiers-audienciers du tribunal, commis à cet effet; 3°. d'un autre procès-verbal dressé par ledit cit. président, le présent mois, jour indiqué par son ordonnance susdatée, et constatant qu'il a fait aux époux comparans en personne, ledit jour, les représentations qu'il a cru propres à opérer un rapprochement, et n'a pu y parvenir; ensuite duquel est son ordonnance, portant que la demande et les pièces seront communiquées au commissaire du gouvernement, et qu'il en sera référé du tout au tribunal, duqueldit procès-verbal la teneur suit:

L'an, etc..... (*Ici on transcrit le procès-verbal de comparution des parties, et les conclusions du commissaire, après quoi on continue ainsi qu'il suit :*

4°. Et enfin les conclusions par écrit du commissaire du gouvernement, en date du présent mois, portant : vu le présent procès-verbal et les pièces y jointes, je n'empêche qu'aux termes de l'article 235 du Code civil, il soit permis à (*les noms et prénoms de fille*), poursuivant son divorce, de faire citer ( ) son mari dans la forme ordinaire, à comparaître en personne à l'audience, à huis-clos, dans le délai de la loi.

Vu par le tribunal lesdites demandes et pièces y jointes, procès-verbaux, ordonnances et conclusions, le tout ci-devant énoncé et daté.

Ouï ledit citoyen président, en son rapport, et le commissaire du gouvernement en ses conclusions:

Tout vu et considéré, et après qu'il en a été délibéré conformément à la loi.

Attendu que les formalités préalables, déterminées par la loi du 30 ventôse an 11, ont été observées, et qu'il n'y a lieu à suspendre la permission de citer.

Le tribunal, par jugement en premier ressort, accorde à ladite la permission de faire citer ledit son mari, et dans la forme ordinaire, *à comparaître en personne à l'audience à huis-clos dans le délai de la loi* (1), à l'effet de quoi ordonn que ladite D fera donner copie en tête de ladit citation de la demande en divorce et des pièce produites à l'appui, et sera ladite citation faite pa l'un des huissiers-audienciers du tribunal.

Fait et jugé audit tribunal par les cit. président, juges, tous composant la première section et réunis en la chambre du conseil, le

Nota. *L'avoué chargé reprend les pièces, et fait donner l'assignation ci-après :*

L'an de la république française, le à la requête de épouse du citoyen demeurant à Paris, rue n°. division dans la maison du cit. où elle a été autorisée à se retirer provisoirement, qui a élu son domicile en la maison du citoyen avoué au tribunal de première instance du département de la Seine, sise rue n°. division de j'ai

soussigné, en exécution et pour satisfaire à l'article 235 du chap. 2, section première, titre 6 de la loi du 30 ventôse an 11, relative au divorce, signifié et avec ces présentes donné copie au cit. demeurant à Paris, rue n°. division de en son domicile parlant à

1°. (*Il faut énoncer ici toutes les pièces dont on donne copie ; la première doit être le contrat de mariage, s'il y en a, et l'on continue ainsi qu'il suit :* (2)

A ce que du tout le cit. n'ignore, et en vertu

---

(1) Je crois qu'il est à propos de faire indiquer le jour par l'ordonnance même.

(2) Il faut aussi donner copie du jugement qui permet de citer, et en rapporter les dispositions.

dudit jugement duement en forme et enregistré, même requête et élection de domicile que dessus; j'ai, huissier pour ce commis, susdit, et soussigné, cité, même donné assignation audit citoyen en son domicile, parlant comme dessus, à *comparaitre* (1) *en personne*, dans le délai de la loi, échéant le (2) à l'audience de la première section du tribunal de première instance du département de la Seine, séant au Palais de Justice à Paris, huit heures du matin, à huis-clos, pour voir donner acte à ladite des faits par elle articulés par sa demande en divorce, lesquels le cit. sera tenu d'accorder ou contester; en cas d'aveu, voir dire et ordonner qu'il y a lieu au divorce entre la D et le cit. son mari, pour les causes énoncées en la demande. En conséquence, qu'aux termes de l'article 252 de la loi du 30 ventôse an 11, relative au divorce, ladite D sera autorisée à se retirer devant l'officier de l'état civil pour le faire prononcer, et en cas de dénégation desdits faits par le cit. qu'il sera permis à la D d'en faire preuve, tant par titre que par témoins, dans la forme voulue par la loi, sauf audit cit. à faire la preuve contraire; pour, les enquêtes faites et rapportées, communiquées au commissaire du gouvernement, être par les parties pris telles conclusions qu'elles aviseront, et par le tribunal ordonner ce qu'il appartiendra, comme aussi dès-à-présent et en attendant l'évènement de la demande que le cit. sera condamné à lui payer une somme de

---

(1) Indiquer le jour.

(2) D'après les renseignemens que j'ai recueillis, cette assignation doit être donnée à la huitaine franche; et, comme je l'ai déjà observé, il faudrait faire indiquer le jour par le procès-verbal qui permet de citer.

par forme de provision, laquelle sera convertie en pension alimentaire du jour de la prononciation dudit divorce, payable par avance de trois en trois mois; et pour, en outre, répondre et procéder, comme de raison, à fins de dépens, déclarant, en tant que de besoin est ou serait, que le cit. avoué, occupera; et j'ai, audit cit en son domicile, parlant comme dessus, laissé copie de toutes les pièces ci-dessus énoncées, ensemble du présent original.

Nota. *Il faut calculer vos jours de manière que celui que vous indiquerez pour comparaître à l'audience, soit le vingt-septième, à partir de la date de la signification*, et l'indiquer positivement. (1)

PROCÈS-VERBAL DE COMPARUTION.

L'an de la république, le de heures du matin, en la salle d'audience de la section du tribunal de première instance du département séant au Palais de Justice, où siégeaient à huis-clos, conformément à la loi, les citoyens président, juges, en présence du cit. commissaire du gouvernement, et assisté du cit. greffier,

Est comparue la D épouse du citoyen elle demeurant rue n°. division maison du cit. où elle a été autorisée à se retirer provisoirement, assistée du cit. son conseil, laquelle a exposé, par l'organe de son conseil,

---

(1) Il faut, comme dans les autres affaires d'audience, un placet.

Cette assignation se donne à la huitaine franche, au lieu de 27 jours, et n'est point sujette à présentation.

qu'en

qu'en vertu de la permission du tribunal, délivrée le du et par exploit de huissier-audiencier, en date du duement enregistré, dont elle a représenté l'original, elle a fait citer dans la forme ordinaire le cit. son mari, demeurant rue n°. à comparaître en personne à l'audience à huis-clos, dans le délai de la loi, échéant cejourd'hui (1), pour voir dire (*énoncer ici les conclusions de l'exploit*); pourquoi elle a à l'instant présenté les pièces mentionnées au procès-verbal du (2), cottées et paraphées par le président du tribunal par première et dernière, ensemble ledit procès-verbal dudit et l'assignation à cejourd'hui.

Déclarant qu'elle indique et nomme les cit. demeurant pour témoins qu'elle se propose de faire entendre sur les faits par elle articulés dans sa requête introductive d'instance.

Desquelles comparutions, présentation de pièces et nomination de témoins, la comparante a requis acte et défaut contre le cit. son mari, en cas de non-comparution, et pour le profit, l'adjudication de ses conclusions. et a signé sur l'interpellation qui lui en a été faite avec le citoyen son conseil, signé après que lecture lui a été faite du présent procès-verbal, signé président, et greffier.

Et à l'instant est comparu le citoyen demeurant rue Lecture lui a été faite en présence de ladite D sa femme, et de son conseil, du procès-verbal, des autres parts, et ladite lecture faite, et de nouveau leur

---

(1) On a vu qu'il fallait faire indiquer jour et heure.

(2) Ce procès-verbal est celui de présentation de la requête, et remise de pièces.

a été fait l'exposé de ladite demande, et la représentation des pièces à l'appui d'icelle.

Le citoyen a dit (*transcrire ici les dires et observations respectifs des parties*).

Lecture faite de nouveau aux parties du présent procès-verbal, elles ont déclaré qu'il contient vérité, et ont été requises de le signer (*faire mention des signatures des parties, ou de leur refus*).

Sur quoi le tribunal renvoie les parties à l'audience publique du (*indiquer le jour et l'heure*); ordonne que la procédure sera communiquée au commissaire du gouvernement, et commet le citoyen pour rapporteur, les parties tenues de se représenter aux jour et heure susdits, sans citation.

Nota. *En cas de non-comparution du défendeur, il faut lui faire signifier l'ordonnance, avec citation de comparution*, art. 239.

Jugement d'audience publique.

Entre D demeurant rue n°. comparante en personne, assistée du cit. son conseil.

Et ledit citoyen demeurant rue n°. comparant aussi en personne.

A l'ouverture de l'audience publique, indiquée à cejourd'hui (*la date du jour*), heures du matin, où sont comparus, au desir du jugement du tribunal du présent mois, la D femme du cit. assistée du cit. son conseil, et ledit demeurant à Paris, rue n°.

Le citoyen juge rapporteur, commis par le jugement susdaté, en présence des parties, a fait le rapport de la demande en divorce, pour causes de (*les énoncer*), formée par ladite D contre son mari, ainsi que de la procédure.

La D a réitéré ensuite, par l'organe de son conseil, l'exposé des motifs de sa demande en divorce, dans laquelle elle a déclaré persister, et a conclu à ce que sa demande fût admise.

De son côté, le citoyen en persistant dans ses dires et observations, contenus au procès-verbal du présent mois, déclare, sur l'interpellation à lui faite par le président du tribunal (*transcrire la déclaration*), et après avoir entendu le citoyen commissaire du gouvernement.

Le tribunal ayant délibéré sur le tout, déclare que la demande en divorce dont il s'agit est admise; et de suite le citoyen rapporteur, a fait son rapport en présence des parties; sur le fond de ladite demande, la D par l'organe de son conseil, a demandé l'adjudication de ses précédentes conclusions; de son côté, le citoyen en persistant dans ses précédens dires et observations, a dit : Sur quoi le tribunal, après avoir entendu le commissaire du gouvernement, attendu que la demande au fond n'est point en état d'être jugée, avant faire droit sur icelle, admet la demanderesse à la preuve des faits pertinens par elle allégués, qui sont... (*énoncer les faits*); admet également le défendeur à faire, si bon lui semble, la preuve contraire même des faits par lui allégués (*énoncer les faits*). En conséquence, et après que par le greffier il a été donné lecture de la partie du procès-verbal du présent mois, contenant la nomination déjà faite des témoins que ladite demanderesse se propose de faire entendre; le président du tribunal a averti les parties qu'elles pouvaient encore en désigner d'autres; mais qu'après ce moment elles n'y seraient plus reçues. La D (*les parties nomment ou ne nomment point de témoins ; transcrire leurs déclarations*).

Le tribunal ordonne que les témoins ci-après nommés et désignés par la D savoir, premièrement, le citoyen le citoyen (*les noms, prénoms, professions et demeures des témoins*), seront présentés par la D (1) les citoyens (*les noms, prénoms, professions et demeures de ceux du mari, s'il en a présentés*), présentés par le citoyen et entendus à l'audience du tribunal, séant à huis-clos, le huit heures du matin, et ce conformément et dans la forme prescrite par les articles 247, 248, 249 de la loi du 30 ventôse, sur le divorce, tous dépens réservés.

Assignation aux témoins et au mari.

L'an de la république, le en vertu d'un jugement rendu à l'audience publique de la section du tribunal de première instance du département de le présent mois, dûment en forme enregistré, et à la requête de D demeurant à rue n°. où elle s'est provisoirement retirée, en vertu de l'ordonnance du président du tribunal, en date du dûment enregistrée, qui a élu domicile en la maison du cit. avoué au tribunal du département d sise rue n°. division

J'ai soussigné, cité, même donné assignation (*remplir les noms et demeures des témoins et du mari.*) à comparaître le du présent mois, huit heures précises du matin, à huis-clos, à l'audience de la

(1) Si le mari en a nommés.

première section du tribunal de première instance du département de séant au Palais de Justice, pour, à l'égard des citoyens (*les noms des témoins*), prêter serment, dire et déposer vérité en l'enquête que la D épouse du citoyen a été autorisée à faire faire par le jugement susdaté des faits y énoncés; déclarant que, faute de comparoir, ils seront gagés en l'amende suivant l'ordonnance, et à l'égard du citoyen (*les noms du mari*), en son domicile, parlant comme dessus, à comparaître ledit jour présent mois, huit heures précises du matin, à l'audience à huis-clos de la première section du tribunal de première instance du département de séant au Palais de Justice, à pour être présent, si bon lui semble, à la prestation de serment des citoyens (*les noms des témoins*), indiquée par la D et par elle nommés pour témoins, par le procès-verbal du présent mois, qui seront entendus en l'enquête à laquelle il sera procédé ledit jour en exécution du jugement rendu contradictoirement entre les parties, le et ait à faire personnellement ou par son conseil, telles observations que bon lui semblera, déclarant ladite D qu'elle se rendra ledit jour à ladite audience en personne, et qu'elle sera assistée du citoyen défenseur-avoué au tribunal de première instance du département de son conseil, lequel, en tant que besoin est ou sera, occupera; et j'ai à chacun des sus-nommés, en leur domicile, séparément, laissé copie dudit jugement et du présent.

ENQUÊTE.

L'an de la république, le de heures du matin, en la salle d'audience de la section du tribunal de première instance du département de où siégeaient à huis-clos, conformément à la loi, les citoyens président etc., en présence du cit. commissaire du gouvernement, et assisté du cit. commis-greffier assermenté.

Est comparue femme de elle demeurant rue assistée du citoyen son conseil laquelle a dit, qu'en exécution du jugement du tribunal du présent mois, et par exploit de huissier, en date du dont elle a représenté l'original dûment enregistré, elle a fait citer et donner assignation tant aux témoins qu'elle se propose de faire entendre en l'enquête dont il s'agit, qu'audit son mari, à comparaître cejourd'hui, lieu et heure présent, pour, à l'égard desdits témoins, prêter serment, dire et déposer vérité en ladite enquête, et à l'egard dudit pour être présent, si bon lui semblait, à ladite opération

Requérait, en conséquence, acte de la présentation par elle à l'instant faite des cit. (*les noms des témoins*), pour ses témoins dénommés au jugement du et défaut contre les non-comparans, et a signé avec le cit. son conseil.

Sont aussi comparus lesdits (*les noms des témoins*), lesquels, après serment par eux fait séparément de dire vérité, et que lecture leur a été faite, par le greffier du tribunal, des faits pertinens dont la preuve a été ordonnée par le jugement du ont été entendus aussi chacun séparément dans leurs dépositions, ainsi qu'il suit; le tout en présence du commissaire du gouvernement, de la demanderesse et de son conseil, et en l'absence du citoyen quoique dûment appelé, premièrement, le cit. âgé de demeurant à Paris, rue n°.

Dépose,

Lecture à lui faite de sa déposition, a dit icelle contenir vérité, y a persisté (*a requis ou n'a requis salaire*) (*et a signé ou déclaré ne le savoir*) de ce interpellé. (1)

Fait et clos à l'audience à huis-clos, lesdits jour, mois en an que dessus, lecture faite tant aux témoins qu'aux parties du présent procès-verbal, le président du tribunal a requis les uns et les autres de le signer, la demanderesse l'a signé avec son conseil (*faire mention de ceux qui peuvent signer.*)

Sur quoi le tribunal, attendu que le cit. témoin assigné par la D n'est (*ou ne sont comparus*) non plus que ledit défendeur, quoique dûment appelés, donne défaut contre eux, et pour être fait droit, attendu que ledit n'a pas produit de témoins pour faire sa contre-enquête, renvoie les parties à l'audience publique du prochain heures du matin, pendant lequel temps la procédure sera communiquée au commissaire du gouvernement, et commet le cit. pour rapporteur; ordonne que la présente ordonnance sera signifiée au défendeur, à la requête de la demanderesse, dans le délai de huitaine, à compter de ce jour, par huissier-audiencier du tribunal.

ASSIGNATION A L'AUDIENCE.

L'an de la république, le à la requête de D épouse du cit. demeurant rue division n°. qui a élu domicile en la maison du cit. avoué au tribunal de première instance du département de sise rue

(1) Les parties peuvent faire au témoin telles observations et interpellations que bon leur semble, sans cependant pouvoir l'interrompre dans sa déposition, art. 245.

n°. division
J'ai
soussigné, signifié, et avec ces présentes donné copie au cit. demeurant rue n°. division en son domicile, parlant à du procès-verbal contenant l'enquête faite par la D épouse du citoyen à l'audience de la section du tribunal de première instance du département de le an En exécution d'un jugement contradictoire rendu le au tribunal, même section, dûment enregistré et signifié, ensemble de l'ordonnance étant ensuite dudit procès-verbal, rendue par le tribunal, par laquelle les parties ont été renvoyées à l'audience publique de la section du prochain heures du matin, le tout dûment en forme et enregistré : à ce que du tout le cit. n'ignore, et en vertu de ladite ordonnance, mêmes requête et élection de domicile que dessus, j'ai, huissier susdit et soussigné pour ce commis, cité et donné assignation au cit. en son domicile, rue n°. en parlant comme dessus, à comparoir ledit jour prochain heures du matin, à l'audience publique du tribunal de première instance du département de section, séant au Palais de Justice, pour voir dire, qu'attendu la preuve résultante de l'enquête faite par la D portée au procès-verbal du des faits par elle articulés par sa requête introductive d'instance, les conclusions par elle prises lui seront faites et adjugées; en conséquence, qu'il sera dit et ordonné qu'il y a lieu au divorce d'entre la D et le cit. pour causes (*les expliquer*); ce faisant, qu'aux termes de l'article 252 de la loi du 39 ventôse an 11, la D sera autorisée à se retirer devant l'officier de l'état civil pour le faire prononcer, et, dès-à-présent,

que le cit. sera condamné à lui faire une pension de la somme de fr., payable par avance de trois mois en trois mois, déclarant ladite D qu'elle se trouvera en personne à l'audience publique de la section, ledit jour prochain, et qu'elle sera assistée du cit. son conseil, défenseur-avoué au tribunal, lequel, en tant que besoin est ou serait, occupera sur ladite poursuite de divorce, et pour, en outre, répondre et procéder comme de raison, à fins de dépens; et jai audit cit. parlant comme dessus, laissé copie dudit procès-verbal et ordonnance sus-datés, et du présent original.

Nota. J'observe que, d'après l'article 242, à chaque acte de la cause, les parties ou leurs conseils peuvent, après le rapport, et avant que le commissaire du gouvernement soit entendu, faire telles observations que bon leur semble.

AU NOM

DE LA RÉPUBLIQUE FRANÇAISE,

UNE ET INDIVISIBLE.

Le Tribunal de première instance du département de section, séant au Palais de Justice à Paris, a rendu le jugement dont la teneur suit :

Entre la citoyenne Catherine Julie femme du cit. Jean-Baptiste-Roch demeurant à Paris, rue n°. , comparante en personne, assistée de défenseur-avoué au tribunal, son conseil.

Et ledit cit. Jean-Baptiste-Roch cordonnier, demeurant rue n°. défendeur.

Sur le rapport fait par le cit. juge-rapporteur, commis par le jugement du 24 thermidor dernier, en présence de ladite et de son conseil; premièrement, de la demande en divorce pour cause d'adultère, sévices et mauvais traitemens, formée par ladite dame contre son mari, de la procédure faite sur ladite demande, ainsi que de l'enquête faite par ladite dame par procès-verbal, en date du dernier, en présence du tribunal jugeant à huis-clos, conformément à la loi, en exécution du jugement du

Vu par le tribunal, premièrement, la requête présentée par ladite dame au cit. président; 2°. le procès-verbal dressé par lui le , duement enregistré, constatant que ladite demande et les pièces présentées à l'appui, ont été par lui paraphées, et que le tout a été remis en ses mains, au bas duquel procès-verbal est son ordonnance, portant que les parties comparaîtront en personne devant lui, aux jour et heure indiqués par lui, et qu'à cet effet copie de son ordonnance sera adressée au cit. par le cit. l'un des huissiers du tribunal, commis à cet effet; 3°. le procès-verbal dressé par le cit. le jour indiqué par son ordonnance susdatée, constatant qu'il a fait aux époux comparans en personne, ledit jour, les représentations qu'il a cru propres à opérer un rapprochement, et qu'il n'a pu y parvenir, ensuite duquel est son ordonnance, portant que la demande et les pièces seront communiquées au commissaire du gouvernement, et qu'il sera référé en la chambre du conseil du tribunal.

Vu, cinquièmement, les conclusions par écrit du commissaire du gouvernement, étant au bas dudit procès-verbal, portant: Vu le présent procès-verbal et les pièces y jointes, je n'empêche qu'aux termes de l'article 235 du Code civil, il ne soit permis à Catherine-Julie poursuivant son divorce, de faire citer Jean-Baptiste-Roch son mari, dans la forme ordinaire, à comparaître en personne à l'audience à huis-clos, dans le délai de la loi. Fait au parquet, le

Vu, sixièmement, le jugement du tribunal du , sur le rapport du cit. président, duement enregistré, par lequel le tribunal, jugeant en premier ressort, accorde à ladite Catherine-Julie la permission de faire citer ledit Jean-Baptiste-Roch son mari, dans la forme ordinaire, à comparaître en personne à l'audience à huis-clos, dans le délai de la loi, à l'effet de quoi ordonne que ladite fera donner copie, en tête de ladite citation, de la demande en divorce et des pièces à l'appui, et ce par huissier, commis à cet effet.

Septièmement, l'original de la citation donnée le audit Jean-Baptiste-Roch par ledit à la requête de la dame en exécution dudit jugement duement enregistré, par laquelle elle a repris ses conclusions.

Huitièmement, le procès-verbal reçu à huis-clos par le tribunal, le dernier, contenant les comparutions respectives des parties, leurs dires et déclarations, et de la part de ladite dame, nomination et indication de ses témoins, et déclaration de la part dudit qu'il n'a aucun reproche ni témoins à fournir, ni à faire entendre, ensuite duquel procès-verbal l'ordonnance du tribunal par laquelle il á renvoyé les parties à l'audience publique du huit heures du matin, ordonne la communication de la procédure au commissaire du gouvernement, et commis le cit. l'un des juges, pour rapporteur, et les parties tenues de se trouver au jour indiqué, sans citation.

Vu, neuvièmement, par le tribunal, le jugement par lui rendu en l'audience publique du entre ladite citoyenne et ledit cit. son mari, sur les conclusions du commissaire du gouvernement, et au rapport du cit. l'un de ses juges, par lequel le tribunal, ayant délibéré sur le tout, et après avoir entendu les parties; savoir : ladite dame par l'organe dudit cit. son conseil, et le cit. en personne, déclare que la demande en divorce dont il s'agit, est admise; et de suite, après avoir entendu le cit. en son rapport, aussi en présence des parties, sur le fond de la demande, ladite dame par l'organe de son conseil, laquelle a demandé l'adjudication de ses conclusions, et ledit cit. en personne; le tribunal, après avoir entendu le commissaire du gouvernement, attendu que la demande au fond n'est point encore en état d'être jugée, avant faire droit sur icelle, admet la demanderesse à la preuve des faits pertinens par elle allégués, lesquels sont, premièrement, que son mari.................

....

Admet également le défendeur à faire, si bon lui semble, la preuve contraire, même du fait par lui allégué, qu'il n'a ....

....

Le tribunal a en outre ordonné que les témoins désignés par la dame et dénommés audit jugement, seraient par elle présentés et entendus à l'audience du tribunal, séant à huis-clos, le mercredi huit heures du matin, et ce conformément et dans la forme prescrite par les articles 247, 248 et 249 de la loi du 30 ventose an 11, tous dépens réservés.

Dixièmement, la citation donnée le dernier, à la requête de ladite dame par exploit de huissier près le tribunal, duement enregistré, tant aux témoins par elle indiqués, qu'à son mari; savoir: à l'égard des témoins, prêter serment, dire et déposer vérité en l'enquête ordonnée par le jugement du et à l'égard du mari, être présent auxdites prestations de serment, même faire les observations que bon lui semblerait.

Vu le procès-verbal d'enquête, fait par le tribunal, le dernier, à huis-clos, en exécution du jugement susdaté, conformément à la loi, ledit procès-verbal contenant les prestations de serment, dépositions des témoins de la dame ainsi que les interpellations à eux faites, ensuite duquel procès-verbal est l'ordonnance du tribunal, portant, qu'attendu que le citoyen deuxième témoin, non plus que le citoyen ne sont comparus, il est contre eux donné défaut, et pour être fait droit, attendu que ledit citoyen n'a pas produit de témoins pour faire sa contre-enquête, renvoie les parties à l'audience publique du neuf heures du matin, pendant lequel temps la procédure sera communiquée au commissaire du gouvernement, et commis le cit. pour rapporteur, et ordonne la signification de son ordonnance au défendeur, dans le délai de huitaine, à compter dudit jour 24 par le cit.

Vu enfin l'original de la signification de ladite ordonnance, duement enregistrée, fait par exploit dudit cit. en date du duement enregistré, au cit. contenant sommation de se trouver ledit jour à l'audience publique, pour voir dire, qu'attendu la preuve résultante de ladite enquête, les conclusions prises par ladite dame lui seraient adjugées; en conséquence, qu'elle serait renvoyée devant l'officier de l'état civil, pour faire prononcer son divorce, et que son mari serait condamné à lui faire une provision de avec dépens.

POINT DE FAIT.

La citoyenne Catherine-Julie a épousé, le (vieux stile (le cit. Jean-Baptiste-Roch ainsi qu'il appert de l'extrait des registres de la commune de département de , pour ladite année (*énoncer les faits qui donnent lieu à la demande*)........... Enfin, ladite dame ne pouvant plus vivre dans cet état de perplexité, a eu recours à l'autorité du tribunal pour faire prononcer son divorce.

Elle a présenté sa requête à cette fin, dans laquelle elle a exposé les faits ci-dessus énoncés, et a conclu à ce qu'il fût ordonné que ledit citoyen comparaîtrait en personne pardevant le cit. président, aux jour et heure qui seraient par lui indiqués, pour répondre aux faits articulés, les accorder ou contester; en cas d'aveu, que la demande en divorce serait admise pour causes de sévices, mauvais traitemens et adultère; en conséquence, qu'aux termes de l'article 252 de la loi du 30 ventose an 11, ladite dame serait autorisée à se retirer devant l'officier de l'état civil, à l'effet de le faire prononcer; et en cas de dénégation, qu'il lui serait permis d'en faire preuve, tant par titres que par témoins, dans la forme voulue par la loi, sauf audit cit. d'en faire la preuve contraire; pour, le tout communiqué au commissaire du gouvernement, être statué ce qu'il appartiendrait. La dame a en outre conclu à une pension de liv., payable par avance de trois en trois mois, et à l'apposition des scellés chez son mari : la procédure voulue par la loi a été observée.

POINT DE DROIT.

Une femme peut-elle être admise dans sa demande en divorce, lorsqu'elle prouve les sévices et mauvais traitemens dont son mari a usé envers elle..

....

Dans le cas où il y aurait lieu à juger que le divorce doit être admis, la femme doit-elle être renvoyée devant l'officier de l'état civil, à l'effet de le faire prononcer? Doit-on condamner le mari à lui faire une pension alimentaire?

Telle est la question sur laquelle le tribunal avait à prononcer.

Après avoir entendu, en ses plaidoiries, demandes et conclusions, le cit. avoué de la dame Catherine-Julie femme demanderesse, lequel a requis défaut et avantage contre le cit. Jean-Baptiste-Roch défendeur et défaillant non comparant, ni aucun avoué pour lui, quoique duement appelé et attendu en la manière ordinaire et accoutumée.

Le tribunal, jugeant en premier ressort, donne défaut contre ledit Jean-Baptiste Roch non comparant; et après avoir entendu le citoyen en son rapport, et les observations de la demanderesse, présente à l'audience, par l'organe du cit. son conseil, ensemble le commissaire du gouvernement en ses conclusions; considérant qu'il est prouvé par l'enquête......

....

Le tribunal admet le divorce demandé par ladite Catherine-Julie contre ledit Jean-Baptiste-Roch son mari; en conséquence, autorise ladite à se retirer pardevers l'officier public, pour faire prononcer son divorce, en observant par elle les délais prescrits par la loi du 30 ventose; condamne à payer à ladite Catherine-Julie sa femme, une pension annuelle et alimentaire de francs, payable de trois mois en trois mois, à compter du jour de la demande, et condamne en outre ledit aux dépens; sur le surplus des demandes, fins et conclusions des parties, le tribunal les met hors de cause.

Fait

Fait et jugé audit tribunal, en la première section, le par les citoyens président, juges audit tribunal.

Au nom de la République française, une et indivisible, il est ordonné à tous huissiers sur ce requis, de mettre le présent jugement à entière exécution, à tous commandans et officiers de la force publique, de prêter main-forte, toutes fois et quand ils en auront été bien et légalement requis, et aux commissaires du gouvernement près les tribunaux, d'y tenir la main; en foi de quoi la minute dudit jugement a été signée par le président dudit tribunal, et par le greffier.

Pour expédition. Collationné. Signé avec paraphe.

Enregistré à Paris, le

L'an de la république française, le à la requête de

demeurant à
qui a élu son domicile en la maison de défenseur-avoué au tribunal de première instance du département de la Seine, sis rue

soussigné, signifié, et avec ces présentes donné copie au cit. demeurant rue n°.

en son domicile, en parlant à

du jugement de l'autre part duement en forme, et ait à y satisfaire, protestant de le mettre à exécution dans le délai de la loi ; et j'ai audit en sondit domicile, parlant comme dessus, laissé copie dudit jugement et du présent.

Signé,
Enregistré à Paris, le

Signé,

Au cit. maire du
arrondissement de

Vous requiert femme du cit. demeurant rue pour l'exécution d'un jugement rendu au tribunal de première instance du département de section le de an duement en forme, enregistré et signifié le dudit mois, par exploit de huissier, enregistré le par par lequel jugement, pour les causes y énoncées, le tribunal a admis le divorce demandé par ladite contre ledit son mari, et l'a autorisé à se retirer pardevers l'officier de l'état civil, pour le faire prononcer, en observant par elle les délais prescrits par la loi du 30 ventose an onze.

En conséquence, lui indiquer jour et heure, à l'effet de faire sommer ledit de comparaître et se trouver lesdits jour et heure pardevant vous, à l'effet de voir prononcer ledit divorce, en exécution du jugement susdaté, à laquelle prononciation il sera procédé tant en absence qu'en présence; ainsi signé en la minute et avoué.

Plus bas est écrit :

Nous, maire et adjoints du arrondissement de vu la demande, indiquons la prononciation du divorce au présent mois heure du matin. Paris, ce an de la république française. *Signé* et secrétaire.

Enregistré à Paris, le an *Signé*

Il faut joindre à cette requête, 1°. l'extrait de l'acte de célébration de mariage ; 2°. un certificat du conseil du demandeur, constatant qu'on ne s'est pas pourvu par appel ou en cassation (1); 3°. un extrait du jugement qui admet le divorce, ou de celui qui statue sur l'appel ou sur la demande en cassation (2).

La requête répondue du maire, la signifier au défendeur, ainsi qu'il suit :

L'an de la république française, le à la requête de demeurant rue division épouse qui a élu domicile en la maison de avoué au tribunal de première instance du département de sise rue n°. j'ai

soussigné, signifié et, avec ces présentes, donné copie au cit. demeurant rue n°. en son domicile, et parlant à

de la pétition par elle faite au cit. maire du arrondissement de ensemble de l'ordonnance par lui rendue le du présent mois, duement

---

(1) Ce certificat doit être enregistré.

(2) Il faut aussi, dans le cas d'appel, un certificat qu'on ne s'est pas pourvu en cassation, aussi enregistré.

enregistrée, à ce que du contenu en icelles il n'ignore; et en vertu de ladite ordonnance, même requête et élection de domicile que dessus, j'ai, huissier susdit et soussigné, sommé et interpellé ledit cit. en parlant comme dessus, de comparaître en personne le du présent mois heure du matin, pardevant le cit. maire du arrondissement, hôtel de la mairie, sise rue et d'y faire trouver également deux témoins majeurs et domiciliés à Paris, pour y entendre prononcer le divorce d'entre ladite dame et lui cit. conformément à la loi du 30 ventose an 11, et en exécution du jugement du duement signifié, déclarant que ladite dame se trouvera lesdits jour, lieu et heure, et qu'elle sera assistée des cit.

tous quatre majeurs témoins requis par la loi, et qu'il y sera procédé, tant en absence que présence; à ce que ledit cit. n'ignore, je lui ai, audit domicile, parlant comme dessus, laissé copie de la pétition, ordonnance et du présent.

Au jour indiqué, le demandeur en divorce doit se présenter avec quatre témoins majeurs devant l'officier de l'état civil, qui prononce le divorce ainsi qu'il suit :

Extrait du registre des actes de divorce.

Du an de la république française.

Acte de divorce de âgée de née à département de le demeurante à rue division fille de et de son épouse ;

et de âgé de né à département de le demeurant à rue n°. division fils de et de son épouse.

Les actes préliminaires sont :

L'acte du mariage des époux, reçu en la commune de département de en date du un jugement rendu au tribunal de première instance du département de section, par défaut, le an duement en forme, enregistré le et signifié le suivant, par exploit de huissier, enregistré le par lequel constate les sévices et mauvais traitemens de l'époux envers l'épouse, et autorise l'épouse à se retirer pardevers l'officier de l'état civil, pour faire prononcer le divorce pour les causes y énoncées, après les délais prescrits par la loi du 30 ventose an 11, ledit jugement délivré par extrait.

Le certificat délivré par avoué au tribunal de première instance du département de le enregistré le par portant qu'il n'est survenu aucune opposition audit jugement, et qu'il n'en a point été interjeté appel, et la citation faite à l'époux par exploit de huissier, en date du enregistré le par pour se trouver cejourd'hui heure du matin, à la prononciation du divorce. L'épouse, seule présente, a demandé, à l'heure de midi sonné, la dissolution de son mariage d'avec le cit. en présence des témoins dénommés audit registre.

Ledit acte de divorce prononcé aux termes de la loi, par maire, qui a signé avec la requérante et les témoins.

Collationné par moi soussigné officier public de l'état civil pour le arrondissement de
Signé,

Délivré par moi, secrétaire en chef, le présent extrait, pour lequel il a été payé non compris le timbre.

A Paris, le an de la république française. *Signé*

Enregistré à Paris, le an
Signé

Au bas est écrit : L'acte de divorce ci-dessus a été inscrit sur le registre des insinuations du greffe du tribunal civil de première instance du département de le an de la république française, à la réquisition du porteur, en marge duquel la mention du droit de greffe, payé au cit. est portée. *Signé*

Reçu
Signé

L'an de la république française, le à la requête de épouse divorcée du cit. demeurante rue n°. qui a élu son domicile en la maison de avoué au tribunal de première instance du département de sise rue n°. j'ai, huissier près le tribunal de patenté pour l'an le sous le n°. demeurant à Paris, rue n°.
soussigné, signifié, et avec ces présentes donné copie au cit. demeurant rue n°. en son domicile, parlant à sa personne, ainsi qu'il m'a dit être.

Du procès-verbal reçu et rédigé par le maire de la municipalité du arrondissement du canton de le duement en forme, enregistré et insinué, par lequel ledit maire a prononcé le divorce d'entre ladite et ledit conformément à la loi du 30 ventose an 11, et en exécution du jugement rendu par le tribunal de première instance du département de section, le enregistré et signifié audit à ce qu'il n'en ignore; et je lui ai, audit domicile, parlant comme dessus, laissé copie dudit procès-verbal et du présent.

Enregistré à le an

Signé

REQUÊTE

AFIN DE FAIRE ADMETTRE LE DIVORCE,

Lorsque aux termes de l'article 253 de la loi du 30 ventose an 11, il aura été suspendu à être fait droit sur la demande.

Aux cit. Président et Juges du Tribunal de première instance du département de

DAME vous expose que, par jugement rendu en la section du tribunal, le il a été sursis à faire droit sur la demande en divorce de l'exposante, contre le cit. son mari; qu'il s'est écoulé une année entière depuis la signification de ce jugement, qui a été faite audit cit. par exploit du cit. huissier-audiencier du tribunal, en date du et il n'y a eu entre les parties aucun rapprochement ni réconciliation qui puissent empêcher qu'il soit fait droit sur la demande en divorce de l'exposante.

Ce considéré, la dame vous requiert lui permettre de faire assigner pardevant vous, à l'audience publique de la section, huit heures du matin, dans le délai de la loi (1), le cit. son mari, pour, aux termes de l'art. 254 de la loi

(1) Le délai de la loi doit être de huitaine franche. Il faut faire indiquer le jour dans l'ordonnance.

du 30 ventose an 11, entendre prononcer le jugement définitif sur la demande de la dame ce faisant, voir dire et ordonner, qu'attendu la preuve résultante de l'enquête par elle faite, portée au procès-verbal du des faits par elle articulés en sa requête introductive d'instance, il y a lieu au divorce d'entre la dame et ledit cit. son mari, pour cause (1). Ce faisant, qu'aux termes de l'article 252 de la loi du 30 ventose an 11, la dame sera autorisée à se retirer devant l'officier de l'état civil pour le faire prononcer, et que le cit. son mari sera condamné à lui payer la somme de de pension, payable par avance de trois en trois mois, et vous ferez justice (2).

---

(1) Les expliquer.

(2) J'estime que l'ordonnance qui sera mise au bas de cette requête par le président, doit porter qu'elle sera communiquée au commissaire du gouvernement, pour avoir ses conclusions, d'après lesquelles il intervient une seconde ordonnance qui permet d'assigner, et indique jour.

En vertu de cette ordonnance, dont il faut donner copie, ainsi que de la requête, on assigne le défendeur pour le jour indiqué, dans la forme ordinaire.

Il faut ajouter : *Déclarant ladite dame qu'elle se trouvera en personne à l'audience publique de la section, ledit jour assistée du cit. son conseil, défenseur-avoué au tribunal, lequel, en tant que de besoin est ou serait, occupera sur ladite poursuite de divorce, etc.*

Signé et avoué.

REQUÊTE EN DIVORCE,

POUR CAUSE DE CONDAMNATION.

Aux cit. Président et Juges du Tribunal de première instance du département de

Vous expose, dame que par jugement rendu au tribunal criminel du département de en date du son mari a été condamné à (*énoncer la peine*), ce qui, aux termes de l'article 226 de la loi du 30 ventose an 11, est une des causes qui autorise le conjoint à provoquer son divorce.

Vous requiert en conséquence, vu ledit article 226, l'article 255, l'expédition duement en forme du jugement rendu par le tribunal criminel du département de en date du le certificat délivré par le tribunal, et qui constate que ce jugement n'est plus susceptible d'être réformé par aucune voie légale, admettre le divorce d'entre la requérante et ledit En conséquence aux termes de l'article 252, autoriser la requérante à se retirer devant l'officier de l'état civil, pour le faire prononcer; et vous ferez justice.

Signé et avoué.

ART. 230.

MODÈLE DE REQUÊTE,

Afin de transport du juge pour recevoir la demande en divorce en cas de maladie.

Aux cit. Président et Juges du Tribunal de première instance du département de

DAME vous expose que l'état de maladie dans lequel elle se trouve dans le moment, la met hors d'état de se transporter devant vous, à l'effet de vous présenter sa demande en divorce contre le cit. son mari, et les pièces à l'appui ; pourquoi elle vous requiert, vu le certificat à elle délivré par les cit. et officiers de santé, lequel constate son état, de vous transporter en la maison de la requérante, sise rue nº. division à l'effet de recevoir sa demande et pièces à l'appui ; et vous ferez justice.

Signé et avoué.

AVIS IMPORTANT.

Il m'était impossible de prévoir les changemens de l'ordre des lois (du Code civil) rendues jusqu'au 30 ventose an 12; aussi j'ai laissé subsister les anciens numéros de séries de la loi du 30 ventose an 11, qui commence par le n°. 223 dans les précédentes éditions du Code, et se trouve aujourd'hui le 229. Je n'ai pu rétablir la série des numéros, mon ouvrage étant alors presque totalement imprimé; ainsi, au lieu du n°. 223, il faut lire 229, et ainsi continuer jusqu'au n°. 305, qui se trouve être aujourd'hui le 311 de la loi du 30 ventose an 11.

C'est par erreur qu'à la seconde page on a daté la loi sur les Propriétés de 1789. — *lisez*, 1793.

www.ingramcontent.com/pod-product-compliance
Ingram Content Group UK Ltd.
Pitfield, Milton Keynes, MK11 3LW, UK
UKHW021559260726
13993UKWH00002B/926

9 782329 429892